强党优势

与美国等西方国家政党比较

郭亚丁 著

红旗出版社

郭亚丁

序

中国已经成为名副其实的世界第二大经济体，并且在货物贸易、外汇储备、工业制造等多个领域连续多年保持世界第一。在科技、教育、环保、交通等多方面的发展水准均处于世界领先地位。几十年来，中国社会的经济、政治、文化、社会得到全面而快速的发展，中国正以辉煌成就前所未有地展示中国式现代化的骄人业绩。

人们不禁要问，中国为什么能用短短几十年的时间走过了西方发达国家几百年走过的现代化历程，实现了从落后时代到大踏步赶上时代、引领时代的历史性跨越，迎来了从站起来、富起来到强起来的伟大飞跃，前所未有地接近实现民族复兴的伟大目标。中国为什么发展这么快？发展的秘诀在哪里？对此，我们固然可以找到很多种答案。但其中一条至关重要，那就是：中国共产党的坚强领导。中国共产党领导是中国的最大国情，是中国特色社会主义最本质的特征，是中国特色社会主义制度的最大优势。匈牙利前驻华大使库绍伊·山多尔在接受记者采访时曾明确指出："中国共产党最重要的作用就是推动了中国的发展，并由此推动了全世界的发展。"[①] 毫无疑问，中国共产党的领导与中国迄今的发展成就直接相关，两者之间存在着必然的因果关系。

人类社会现代意义上的政党最早产生于大工业初期的英国。目前世界上绝大多数国家和地区都有政党，政党政治现象是迄今人类社会最为普遍的一种政治现象。

政党作为人类社会一种普遍政治现象存在，表明政党是社会发展过程中不可缺少的政治组织。虽然世界上的政党都属于政治组织类型，但在不同的社会环境里却表现出不同的功能作用。正如《晏子春秋·杂下》所言："橘生淮南则为橘，生于淮北则为枳。"中国共产党与美国等西方国家政党都属于政治组织，但由于政党性质、组织结构、制度安排、利益代表、奋斗目标等不同，政党所具有的功能存在明显不同，在社会中所发挥的作用也大相径庭。

中国共产党之所以能够成功领导中国走向中国式现代化，把中国从一个落后的农业国建设成现代化的工业强国，是因为中国共产党具有历史发展、利益代表、理论指导、组织结构、制度构架、文化传承、精神谱系及自我革命等独特优势，且明显优于美国等西方国家政党。显然，中国共产党所具有的这些优势不是自说自话，更不是夜郎自大，而是在历史的比较中得以明确凸显、在现实的比较中得到充分验证的。

当然还必须看到，中国共产党所具有的优势并不是固定不变的。这些优势需要不断强化，而要强化就需要全面而深刻地认识这些优势，需要有效传承红色基因，不断增加优势条件，持续夯实优势根

① 中共中央宣传部《党建》杂志社策划并采写：《关注中国——41位驻华官员谈中国共产党》，红旗出版社2011年版，第102页。

基，注重发挥优势作用，以使优势不断延续。否则，中国共产党所具有的优势不仅得不到发挥甚至还会消失。对此，中国共产党必须始终保持理性和清醒。

有比较才能有鉴别，有鉴别才能有选择和发展。充分看到中国共产党自身所具有的优势并充分发挥好这些优势，保持战略定力，有利于坚定走中国特色社会主义道路的信念。当然，中国共产党在看到自身优势的同时，还要清醒地认识到在领导中国特色社会主义发展过程中所面临的问题，要增强问题意识和问题导向。此外，客观看，西方政党也是近代文明发展的产物，现代文明的一些成果也更加成熟。西方政党与西方社会制度长期并存，在西方政治体制运行中发挥了不可替代的作用，在一定意义上体现了政党存在的应有价值。因此，我们也要多角度认识和分析美国等西方国家的政党所具有的特点，尤其是政党之间的监督、政党内部的竞争、政党与民众的联系等方面，中国共产党可以从完善自身建设角度获得诸多有益启示。

本书运用的比较研究方法主要有六个方面：一是纵向比较。对政党历史形态进行比较，不仅从相对稳定状态来分析，而且要从发展变化状态来分析。通过比较不同时期的发展变化来把握政党的演变过程。正由于中国共产党与美国等西方国家政党的发展历史不同，所积累的经验、经受的考验以及理论的形成和发展等均不同。二是定性比较。对政党的属性、本质进行比较，以确定政党的性质。这种比较帮助划清政党质的界限，有助于加深对政党性质的认识。只有从性质的角度分析中国共产党与美国等西方国家政党，才能看清其本质。三是相异比较。对中国共产党与美国等西方国家政党的比较，重点强调不同点而非相同点。这种方法便于对政党进行鉴别和分析，此处体现中国共产党自身鲜明特点和显著优势。四是定量比较。事物是质和量的统一体，质和量是事物存在的两种不同规定性，它们互相依赖、互相制约，既对立又统一。对政党的数量方面进行分析，以准确地判定和认识政党的作为。如中国共产党的成员规模和利益代表的广泛性，足以证明其影响力巨大。五是横向比较。对同时并存的政党进行比较，找出差距和不足，总结经验，以加强自身建设。如中国共产党处理和解决经济、政治等方面问题的实际成效，事实证明了中国共产党具有自身优势。六是结构比较。对政党结构进行比较，有利于认识政党具有的功能及其表现。如书中从组织结构对中国共产党进行的分析，有助于加深对中国共产党为什么能够发挥特殊作用的认识。总之，通过以上比较方法的分析，有助于全面、客观地认识中国共产党具有的显著优势。

中国共产党要有世界眼光、全球胸怀，关注世界政党发展的态势，总结世界上不同类型政党发展的经验，从而获得有利于自身发展的启示。只有这样，中国共产党才能成为名副其实的“世界上最大的马克思主义执政党”。

目录

第一章

历史发展优势

历史是对事物的最好说明，历史是事物发展的前提和条件，历史是研究事物变化和发展的重要依据，同时历史也是认识和研究现实的逻辑起点。中国共产党与美国等西方国家政党处于不同的历史环境，有着不同的历史背景，具有不同的历史条件，存在不同的历史因素，当然有不同的表现形式，体现不同的风格特点。宏观看，中国共产党的历史更能产生强大的历史力量和深刻的历史经验。

一、创建的内在动因不同

美国等西方国家政党的产生，实质上是在西方社会生产方式产生巨大变化后逐步生成的一种政治现象，是统治集团内部权力相互争夺以及不同利益群体需求、分配、博弈的不均衡而导致的产物。而中国共产党的产生，是中国社会生产方式内部变革的需要，是争取中华民族独立和人民解放的客观要求，是中国社会内部长期阶级对立、阶级矛盾和阶级斗争的客观产物，总之，是中国半殖民地半封建社会政治经济发展的必然结果。

美国政党的产生最早酝酿于18世纪。由于美国国情的特殊性，在1776年起草《独立宣言》和1787年制定和通过《美利坚合众国宪法》的时候，美国的缔造者们并没有看到政党在政治制度中所起到的作用，甚至认为政党是不必要的、消极的。当年詹姆斯·麦迪逊曾明确声称，他们必须设法防止“派别”带来的危害。乔治·华盛顿在辞去总统职务的告别演说中，告诫民众“要以最严肃的态度来反对党派意识的祸害”[①]。他曾试图通过分权、约束和平衡及采取选举人团间接选举总统等形式，减少新的合众国受政党和小党派的影响。但自1789年乔治·华盛顿就任第一任美国总统之始，掌权者内部即开始围绕着是建立一个强大的中央政府，还是反对建立这种强大的中央政府而出现分歧。以财政大臣汉密尔顿为代表的一部分人，主张对宪法从宽解释，赞成加强联邦权力，这部分人被称为联邦主义者或“联邦党人”；而反对建立强大的中央政府的人则被称为反联邦主义者或“反联邦党人”。由此美国政党的雏形开始出现。

在关于民主和集权、对待法国大革命以及政府的性质等一系列重要问题上，曾在乔治·华盛顿手下当了4年有名无实的国务卿托马斯·杰斐逊的观点与在政府中执掌实权的汉密尔顿完全相反。1791年，托马斯·杰斐逊和詹姆斯·麦迪逊创建了“民主共和党”。由于民主共和党站在“联邦党人”的对立面，于是北部的自由工商业者即依靠国内市场经营铁器、农具、金属纽扣的制造商和小手工业者，以及南部生产烟草、蔗糖、小种植园主和自由职业者等都成了民主共和党的拥护者。随着1800年托马斯·杰斐逊赢得美国第三任总统选举的胜利，民主共和党的势力逐渐壮大，随后开始主导美国政坛。之后党内又因为观点不一致而分成代表北中部工商业资产阶级和代表南方奴隶主等势力的两大派别，以之便逐步形成了“民主党”和“共和党”两大党派。所以，从深层次看，美国政党是在美国国内社会上层有产者中不同的利益集团、利益群体的冲突和较量中促成的，是基于不同的利益需求及由此产生的政策歧见而形成的，是美国社会政治和经济利益冲突、发酵、孕育的结果。

18世纪60年代，英国开始了工业革命，至19世纪30—40年代基

---

① 〔美〕L.桑迪·梅塞尔：《美国政党与选举》，陆赟译，译林出版社2017年版，第27页。

本完成。在这期间，封建主义的社会体制逐渐解体，封建主义的生产方式逐渐被资本主义的生产方式所取代。资本主义的迅速发展导致工业资产阶级和工业无产阶级日益壮大，尤其是资产阶级内部不断分化，工业资产阶级集团同土地贵族、金融资本家以及大商人的利益冲突日益明显，以维多利亚女王为中心的传统贵族势力集团开始发生分化。各阶级、阶层和集团为了自身的利益，迫切需要组织代表自己的政治力量。这种要求开始在议会中显现出来。一派以丹比伯爵为首，代表没落地主阶级保守分子的利益。这一派的议员们的家族拥有大量的土地和特殊的政治权力，与王室的命运联系在一起，他们是新生资产阶级的死对头，极力主张扩大王权，反对议会改革，限制议会作用。而另一派则是以沙夫茨伯里伯爵为首，代表着新兴贵族，有圈占土地的发迹者、有精于谋财治业的商人、有金融家和自由择业者等。他们虽然承认保留君主政权的必要性，但坚持限制王权、主张议会改革和增强议会的权力。最突出的是两派围绕《排斥法案》和《人身保护法》展开的较量。因为《排斥法案》就是反对约克公爵继承英国王位、削弱王权的法案，而《人身保护法》则是限制国王及其臣属专横跋扈行为的法案，因此可见两派的斗争是根本利益的冲突。这种“对立”逐渐在议会中发展成了英国具有现代政党雏形的“托利党”和“辉格党”。

随着这种斗争的深入，早先的“托利党”变成了大土地占有者、金融贵族及大商人的政治代表者，于1833年改组为保守党；而早先的“辉格党”则代表新兴工业资产阶级、新兴贵族的利益，于1839年改称自由党。在选举日益扩大的情况下，两党为了争取和获得更多的选民支持，开始突破“狭小”的议会范围，在全国各地筹建各自的选区机构，竞相发展自己的组织。到了19世纪中叶，两党都建立了类似于全国性的政党机构，形成了各自的组织体系，政党的活动开始逐步影响国家政权和社会政治生活。至此，具有近现代意义的英国政党便开始正式形成。

由上可见，美国和英国的政党产生，虽各有特点，存在不同差异，但也有其共性：主要是社会上层集团、议会内部的冲突和矛盾而“酿造”“孕育”“生成”的政治事物和政治现象。

中国共产党的诞生，与美国等西方国家政党相比则截然不同。

从19世纪中叶开始，在西方帝国主义列强的侵略下，中国由一个以封建自然经济为基础的君主专制国家逐渐演变为半殖民地半封建国家。1842年至1949年，中国历届政府被迫签订了1100多条不平等条约。[①] 西方列强攫取了在中国的军事、政治、经济、文化等方面的特权。这些国家在中国的领土上任意划分势力范围，设立由他们管理的租界、港口；其军队可以自由地进入和驻扎在中国的领土、领海；他们在中国的领土上开办工厂矿山，修筑公路铁路，开设银行；他们的企业、社团、公民可以在中国为所欲为，但却被免予中国法律的处罚。可见，20世纪初的中国，政治经济的命脉被西方帝国主义列强所操纵、控制和垄断。中国虽然在形式上保持着独立，但实际上已经沦为受西方列强宰割、控制的半殖民地国家，政治上的自主权大大削弱，经济上支离破碎，民族文化被肢解，国家主权受到严重践踏，社会政治经济文化生活受到严重影响，中华民族危机日益加深。

西方列强出于自身利益的实际需要，并非要把一个封建性质的中国改造为一个符合社会进步和发展的资本主义国家，而是企图把中国变成一个有利于他们“攫取”利益的殖民地和半殖民地国家。所以，列强极力在中国支持庇护和培植封建势力。因此，在中国，存在着受不同西方列强影响和控制的各类势力集团，这些势力集团明争暗斗，又促使和加剧了中国社会四分五裂。

---

① 参见韩震主编：《社会主义核心价值体系研究》，人民出版社2007年版，第160页。

在中国，由于西方列强的侵略及其与封建势力的相互勾结，严重阻碍着中国政治、经济的发展，威胁着中华民族和中国人民的命运。因此，帝国主义和中华民族的矛盾，以及封建主义、官僚资本主义和人民大众的矛盾，在事实上成为近代中国社会的主要矛盾。推翻帝国主义、封建主义、官僚资本主义的反动统治，争取民族独立和人民解放，成为中国社会和人民的强烈要求。这在客观上催生、促成、呼唤新的政治力量的产生。

20世纪初期的中国，社会内部的阶级矛盾异常突出。如因土地引发的矛盾就非常尖锐。据陈正谟1936年所著《中国各省的地租》提供的资料，30年代初，只占全国农村人口5%的地主占据了全部土地的34%。而占全国农村人口73%的农民，却只拥有28%的土地。此外还有大量的土地被不断增加的离乡地主（即城市官僚、工商业主等）所掌握。由于传统士绅阶层的分化，地主豪绅阶级寄生性等劣质化程度加深等因素，地租数量不断上升，一般农民所交纳的地租占到土地总产值的45%左右，有的甚至更多。而经济愈是落后的地区，劳役地租或其他形式的剥削愈重。沉重的高利贷负担，使农民不堪重负。这导致了中国农村社会的阶级关系非常紧张。

中国的社会矛盾是客观存在的，而且是迫切需要解决的。因为这些矛盾严重地影响和阻碍了中国社会生产力的发展。但解决这些矛盾的“有效力量”在中国共产党建立前并不存在。在20世纪20年代之前，无数次的“较量”已在客观上验证了这一点。在中国近代史上，为了外御列强、内求复兴，各种“力量”进行过一次次反帝反封建的不屈不挠的斗争。然而，每次“运动和革命”都没有从整体上改变社会现状，也没有从根本上触动半殖民地半封建社会性质，中国社会存在的尖锐矛盾依然存在。所以，中国社会的发展，客观上需要一个能够改变现状的崭新政治力量登上中国政治舞台。

随着中国工人阶级的产生、发展和工人运动的兴起，随着“十月革命”的胜利以及马克思主义在中国社会的广泛传播，尤其是在五四运动的积极影响和共产国际的直接帮助下，中国共产党在中国社会强烈的内在需求下应运而生。所以，中国共产党的建立和发展，可以说是中国社会生产力发展的内在要求，是解决中国社会面临的种种矛盾的必然产物，是中国社会民主政治发展的客观需要，是中华民族在20世纪初寻求独立解放、求生存谋发展的内需。

以上可见，中国共产党与美国等西方国家政党产生的社会内在动因截然不同。与美国等西方国家政党相比，中国共产党的建立具有更强大的“历史力量”、更坚实的“历史基础”、更深刻的“历史经验”。

二、建立的目的和作用不同

美国等西方国家政党的形成和发展与议会、选举密切相关，建立政党的目的并不是根本改变现存制度，而是使现存制度怎样进一步完善以及怎样更好地运行。“在美国，两派在一些重大问题上都是意见一致的，谁也不必为了获胜而去破坏旧的秩序和打乱整个社会体制。”[①]中国共产党恰恰相反，其创建之初即是一个旨在“打碎旧世界、建立新世界”的“革命党”，中国共产党的根本目标是彻底改变旧的社会制度，以建立崭新的社会形态和社会制度。

选举制度、议会制度和政党制度是西方社会政治生活中不可或缺的三大要素，是引领西方社会民主政治发展的“三驾马车”，而选举则联通着议会和政党。若没有政党这个“政治中介”，西方民主就变

① 张立平：《美国政党与选举政治》，中国社会科学出版社2002年版，第21页。

成了“瘸子”。

毫无疑问，选举是社会民主发展的一种进步。近代西方国家的选举制度是在资产阶级革命胜利后，在改造封建社会选举制度的基础上逐步确立和完善起来的。当然，近现代选举制度的演变以及普选权的确立，无论其性质、范围、形式以及作用，都是封建社会的选举制度所无法比拟的。选举与现代民主发展有着深刻的内在联系：选举是民主生活的必要前提，而民主的发展是实现公正选举的基础。正因为选举是民主的本质要求，所以，在现代政治中，选举制度的完善及有效运行，成为衡量民主状况、发展水平的重要尺度。在现代民主政治发展过程中，西方政党的产生和发展从一开始就与选举制度相联系，从一定意义上讲，西方政党就是为了适应“代议”选举的需要而产生和发展起来的。

随着选举的深入和扩大，西方政党开始从议会走向社会，从“社会上层”走向“社会下层”。选举是公民选择政治领导人物的方式之一，决定谁来管理国家、治理社会的大问题。但选举谁呢？客观上需要确定选举的对象。这个“对象”首先必须被选民认同和接受，在社会上要具有一定的号召力和影响力，要有良好的形象，具有一定的社会威望。政党恰恰是能够满足这种需要的“政治机器”。因为，“政党是集合民众以行使国家权力为目的的组织”[①]，政党是由一批有着共同目标追求、共同思想观点、共同利益追求的精英分子组成的政治集团，有相互联系的、具有组织力和号召力的组织体系，由其推举的“人物”较适合成为选举的对象。

另外，通过什么途径和方式进行选举呢？这也是选举制度必须解决的。近代选举通常是以投票的方式进行的。但公民投票是自愿的，为什么要投票？投谁的票？多少人参与投票活动？这是选举活动必须

① 〔英〕艾伦·韦尔：《政党与政党制度》，谢峰译，北京大学出版社2011年版，第8页。

解决的。所以，在组织投票活动中，必须要使公民认识到投票活动的重要性，尤其是明确投谁的票以及争取多少人投票，需要一种方式来体现和完成。于是政党在选举中的作用日益凸显。

英国现代意义上的政党到了19世纪后才出现，自由党和保守党逐渐取代“辉格党”和“托利党”。而工党则出现得更晚，它诞生在20世纪初。可见，英国政党的发展是随议会、选举的变化而发展变化的。可以说，政党是“代议民主”的产物，或者说选举催生、促进了西方政党的建立和发展。

美国政党的产生、变化与总统竞选直接相关。在美国，政党是为总统竞选服务的，政党的发展与选举权的扩大紧密相连。可以说，美国总统的竞选造就了美国政党，美国选举权的扩大和选举制度的完善又推动了美国政党的发展。随着美国选民人数的急剧增加，迫切需要通过一种手段把选民广泛动员起来。而政党则是实现这种基本任务的有效方式和手段。美国政党的出现，是美国社会民主政治发展的一个部分，到了19世纪30年代，政党在美国社会政治生活中的作用日益明显。因为，美国民主党和共和党每4年要召开一次全国代表大会，这次全国代表大会也是下一届总统候选人的提名大会和总统竞选的动员大会。由于美国的历史原因，民主党和共和党实际控制着美国社会政治发展的进程。随着政党行为的扩大，政党的影响力还扩展到联邦和州一级政府，政党控制着总统职位、国会、各州州长以及各州的立法机构。自1856年以来，历届美国总统不是民主党便是共和党。美国基本是由民主党和共和党轮流执政。美国的选举制度，客观上形成和确定了两党的优势。

在美国等西方社会，政党建立的直接目的，在于参加选举，在于如何在选举中发挥作用，以获得更多的选票，赢得更多的议会议席，取得“竞选”的胜利，以进入政府，达到掌握、控制或参与国家政权的目的。美国等西方国家政党在国家政治生活中，实际扮演了一个

"上联政府及下联民众"的"政治中介"角色。因此，从一定意义上讲，政党是"为选举而'生'（上台），又因选举而'死'（下台）"的，是随着选举变化而变化、发展而发展的。所以，美国等西方国家的许多政党在选举中扩大、膨胀、显露，又在选举后削弱、缩小、暗淡。根据每次选举的需要，竞选的纲领和口号常常随着竞选需求的变化而变化。政党之间的"合与分""同与异""胜与败""强与弱"，往往围绕选举这个"中心"而展开，又在选举过程中而表现。

中国共产党的执政地位不是通过选举取得的，在历史上是通过革命方式取得的。其建立的目标、理想和方向是争取国家的独立和民族的解放以及劳动人民社会地位的改变，通过武装暴力革命夺取国家政权，建立一个改变、超越旧社会形态的崭新美好的新型社会制度。

中国共产党一建立，就提出党的奋斗目标和基本任务，就是以暴力革命推翻中国资产阶级反动统治，建立无产阶级专政，就是要砸碎现存的不合理的"旧世界"，改变不合理的社会制度，建立一个崭新的"新世界"。建立一个新的社会制度，是中国共产党的奋斗目标，中国共产党为此进行了长达28年艰苦不懈的奋斗。在这期间，中国共产党参加了北伐战争，组织工农运动；开展了土地革命，建立工农民主政权和革命根据地；进行了抗日战争和解放战争，直至取得国家政权。

社会革命是促进社会形态从低级向高级根本转变的社会活动，是革命阶级为改变旧的社会经济基础以及政治上层建筑而进行的统一的斗争过程。社会革命的实质是革命阶级推翻反动阶级的统治，是砸碎旧国家机器、建立新国家机器，用先进的社会制度代替落后的社会制度，解放生产力，促进社会的进步和发展。

在中国近代历史发展中，中国共产党一建立，即以革命党的身份出现，这是解决中国社会基本矛盾的客观要求。中国共产党的革命是遵循马克思列宁主义的革命，这就决定了中国共产党的革命目的和方向与美国等西方国家政党完全不同。中国共产党领导的革命在中国历史上是一场全新的革命，其矛盾直指中国旧社会的生产关系、经济基础和上层建筑，就是要彻底改变一个旧社会，建立一个不同于中国历史上任何类型的崭新社会制度。所以，中国共产党所组织的革命，在中国历史上，是一种具有特殊性质的、特殊类型的革命，这就决定了中国共产党建立的目的在根本上不同于美国等西方国家政党。正因为目的不同，故其行为的目标、方式、途径、内容、任务不同，所依据和依靠的思想、理论、对象、力量、条件及其所制定的路线方针政策等也就完全不同于美国等西方国家政党。

三、历史发展的经历过程不同

中国共产党经历的历史艰难、严峻、曲折而波澜壮阔，是任何西方国家的政党都不曾经历过的。即便在世界政党发展史上，中国共产党的特殊历史经历也十分罕见。中国共产党的“历史感受”更深刻、更直接、更强烈，由此产生的持续“历史影响”更大、更久、更深。

考察中国共产党的历史，其特殊经历主要表现在以下几个方面：

1. 经历过残酷的生与死的严峻考验。中国共产党从诞生开始，就面临种种生死考验，其惨烈程度是任何美国等西方国家政党都不曾有过的。

中国共产党于1921年建党，在最初只有50多名党员的情况下，到1927年中共五大时，全国已增加到57967名党员。但仅在1927年3月至1928年上半年，被杀害的共产党员和革命群众达31万人之多，其中共产党员2.6万多人。[①]

1934年10月红军开始长征，到1936年10月，红军长征整整历经两年时间。中央红军主力8.6万人，全部红军30万人，到陕北仅剩下不到3万人。中国共产党领导的红军，经过14个省，长征行军累计6.5万余里。中央红军经过11个省，行程2.5万里，跨过24条大河，翻越18座大山，走过人迹罕至的一片片苍茫荒草地，翻过一座座空气稀薄的皑皑雪山。长征是人类历史上的伟大奇迹，仅中央红军就进行了380余次战斗，平均每行走300多米就有一名红军战士倒下，牺牲的营以上干部多达430人。

为了建立新中国，中国共产党领导了解放战争。这场战争规模大、时间长，是一场攸关中国前途命运的大决战。1945年9月至1949年9月，解放战争时期解放军伤亡共计152.25万余人，中国共产党付出了巨大代价。

中华人民共和国成立前，中国共产党仅中央委员和候补中央委员牺牲逝世就超过50人。习近平总书记曾说："世界上没有哪个党像我们这样，遭遇过如此多的艰难险阻，经历过如此多的生死考验，付出过如此多的惨烈牺牲。"[②]浴血奋战、前仆后继的中国共产党先烈们的鲜血不能白流，我们要对由无数人付出生命代价建立起的崭新社会制度倍加珍惜！这种"历史记忆"和"历史情感"会产生巨大的"历史力量"推动中国共产党奋勇前进，也会时刻提醒中国共产党牢记历史、勿忘历史！

2. **具有全国执政前的局部执政"预演"体验**。中国共产党早于1931年11月就在江西瑞金成立了中华苏维埃共和国临时中央政府。在瑞金召开的中华苏维埃第一次代表大会通过了《中华苏维埃共和国宪

---

① 中共中央党史研究室：《中国共产党的九十年》，中共党史出版社、党建读物出版社2016年版，第101页。

②《习近平谈治国理政》第四卷，外文出版社2022年版，第514页。

法大纲》。中华苏维埃共和国是中国历史上由中国共产党领导的第一个全国性的工农民主政权，这是中国共产党在局部地区执政的重要尝试。尤其是1935年10月到1948年3月中共中央在陕北的这13年，是中国共产党及其领导的新民主主义革命由小变大、由弱变强、不断走向胜利的辉煌时期；是毛泽东思想日益成熟、丰富发展的13年；是延安精神孕育形成、发扬光大的13年。

中国共产党在瑞金、延安的局部执政涉及诸方面，如实行工农兵代表大会制度、注重廉政建设、重视司法实践、注重文化教育发展、处理党政关系和加强政权监督、加强政党合作及党的自身建设、密切党群关系和探索民主执政、发展经济和制定经济政策等。此外，党在领导全国许多根据地建设中也积累了宝贵的执政经验和获取了重要的历史启示，为后来执掌全国政权奠定了良好基础。特别是造就了一大批治党、治国、治军的领导干部和骨干力量，为中华人民共和国成立后的治国理政提供了必要的人才储备和经验积累。

3. **有政党合作与分离、和平共处与武装斗争的特殊经历**。为了开创反对帝国主义和反动军阀的革命新局面，1922年秋后国共两党开始合作。事实上，国共合作加快了中国革命的步伐。虽然1927年第一次国共合作失败了，但中国共产党从正反两方面积累了深刻的经验教训，并开始在实践中探索马克思主义中国化的途径，初步提出了由无产阶级领导的、人民大众的、反帝反封建的新民主主义革命基本思想，开始懂得进行土地革命和掌握革命武装的重要性。为此，中国共产党领导“南昌起义”，创建党领导的人民军队。1929年古田会议确立了“党指挥枪”的建军原则。从此，在中国形成了政党掌握武装力量的独特运作模式。

为建立抗日民族统一战线，1937年至1945年中国共产党与中国国民党再次合作。

之后国共合作再次破裂，中国共产党进行了3年多的武装斗争，取得了新民主主义革命的胜利。这种合作、对立、冲突的政党间关系的特殊经历是美国等西方国家政党不可能有过的。

4. **有与党内“左”倾、右倾斗争的复杂历练**。在中国共产党的百年历史过程中，有1927年前因右倾机会主义错误，放弃了无产阶级对农民群众、城市小资产阶级和民族资产阶级的领导权，尤其是忽视和放弃了对武装力量的领导权，使革命失败的惨痛教训；有1930年后因党内“左”倾冒险错误和“左”倾教条主义错误而付出惨重代价的深刻教训。中国化的马克思主义即毛泽东思想，就是在同各种错误倾向作不妥协斗争并深刻总结历史经验的过程中形成和发展起来的。1957年反右派斗争、1958年“大跃进”的“左”倾消极影响，尤其是1966—1976年长达10年的“文化大革命”，使党、国家和人民遭受了中华人民共和国成立以来时间最长、范围最广、损失最大的挫折。对这场全局性、长时间的“左”倾严重错误，中国共产党进行了深刻反思和全面总结，这对探索中国特色社会主义道路、改革和完善党和国家的领导制度、发展社会主义民主和加强社会主义法制、正确认识社会主义社会的主要矛盾和党的主要任务等都具有积极意义。

“吃一堑，长一智。”中国共产党正是在与来自党内“左”倾、右倾的斗争中逐渐成长、成熟和壮大起来的。中国共产党不仅与党内错误思想和行为作斗争，还与党外敌对势力和不良现象作斗争。总之，中国共产党在斗争中发展壮大起来，斗争精神贯穿于中国革命、建设和改革的各个时期。也正是在无数复杂斗争的历练中，中国共产党积累了丰富的斗争经验，增强了斗争意志，提高了斗争本领。

5. **有身处封闭与开放、领导计划与市场经济的多种体验**。中国共产党在执政前建立的革命根据地，就曾面临着种种封锁和围困，甚至连食盐、火柴等日常生活用品都购买不到。执政后同样面临来自西方国家的全面封锁，只能“另起炉灶”。从1949年10月1日中华人民共和国成立，到1949年年底与10个社会主义国家建交，再到2023年中国已同世界上182个国家建立外交关系。2022年10月，中国共产党已与170多个国家的600多个政党和政治组织保持着不同形式的联系。今天的中国实现了更大范围、更宽领域、更深层次上的开放。

中国共产党领导人民建立中华人民共和国后，实行计划经济体制，在一定程度上推动了经济社会的恢复发展；逐步建立了社会主义制度，为当代中国一切发展进步奠定了根本政治前提和制度基础，同时积累了领导国家建设的经验，也获得了有益启示。改革开放后，创建社会主义市场经济新体制，开创一条崭新的中国特色社会主义发展道路。中国共产党作为执政党，有过领导两种经济体制的深刻体验，能够充分利用两种经济体制各自具有的独特优势，极大地减少两种经济体制自身带来的弊端。美国等西方国家政党则没有过这种面对不同经济体制的执政体验。

6. **有与人民群众生死患难的鱼水关系**。历史上，中国共产党组织的革命是从社会最底层发起的，组织和发动的革命力量是在人民群众中形成的，中国共产党的党员绝大多数都是来自社会基层的人民群众。中国共产党制定的纲领、确立的奋斗目标及实际表现的行动，都与人民群众的切身利益密切相关。1921年7月，中国共产党一大的纲领就明确提出“把工农劳动者和士兵组织起来”“由劳动阶级重建国家”①；1921年9月，中国共产党开始建立农民组织，成立秘密农会，开展农民运动；1922年，中国共产党建立了职工运动的总机关——中国劳动组合书记部，出版劳动周刊，举办工人学校，组织产业工会，开展罢工斗争。之后中国共产党领导五卅运动、开展土地革命颁布土地法、建立革命根据地、抗日战争时期实行减租减息政策及解放战争时期开展土地制度改革运动等，都体现了中国共产党与人民群众紧密相连。

---

① 本书编委会编：《中国共产党历次党章汇编（1921～2012）》，中国方正出版社2012年版，第49、51页。

1945年党的七大就确立“全心全意为人民服务”为党的宗旨，概括出“和人民群众紧密联系在一起”为其中之一的“三大作风”，强调党的群众路线是党的根本政治路线和组织路线，强调“党员必须全心全意为中国人民服务，反对脱离群众的命令主义、官僚主义和军阀主义的错误倾向”[①]。之后党的历届代表大会都始终强调坚持和贯彻党的群众路线。长期以来，中国共产党与人民建立和形成的鱼水关系，使得中国共产党在中国具有牢固的领导和执政的社会基础。美国哈佛大学肯尼迪政府学院阿什民主治理与创新中心于2020年7月发布的《理解中国共产党韧性：中国民意长期调查》显示：“中国民众对中国共产党的满意度超过90%。”对比这个满意度，美国等西方国家政党望尘莫及。

7. 有“先天”的建党科学理论指导优势。中国共产党是在共产国际的直接帮助下建立起来的，其从创建之始就选择和接受了马克思主义，这就使得中国共产党建党的性质、目标、原则、体制等都具有确定性。就像工程施工前，已有现成设计好的“图纸”，只要严格按照“图纸”认真施工，就能够建设好工程一样。毛泽东在1939年撰写的《〈共产党人〉发刊词》中就把党的建设比喻为“伟大的工程”。其实，党的建设这项伟大工程的“施工图”已经绘制好，关键是把好质量关。

正是在马克思主义科学理论的指导下，中国共产党在革命、建设和改革的不同历史时期确立了符合中国实际的发展方向。尤其是在政党的自身建设方面，充分体现了马克思主义党建理论指导的优势。在中国共产党创建之前，中国没有建立无产阶级政党的实践经验。正是在马克思主义政党理论的系统指导下，中国共产党实现了跨越式“飞跃”——从无到有、从小到大，从幼稚的政党发展成为成熟的政党。

① 中共中央党史研究室：《中国共产党的九十年》，中共党史出版社、党建读物出版社2016年版，第255页。

值得一提的是，中国共产党善于不断推进马克思主义中国化，使科学理论对政党的建设和发展的指导优势更加凸显。

8. **有形成丰富优良传统和作风的宝贵实践**。中国共产党自成立以来领导中国人民取得了革命、建设和改革的伟大成就，实现了从建党的“开天辟地”，到中华人民共和国成立的“改天换地”，再到改革开放的“翻天覆地”，特别是新时代举世瞩目的“惊天动地”，创造了人类发展史上的伟大奇迹。在这个伟大历史进程中，中国共产党培育并形成了一系列优良传统和作风，如对党忠诚、敢于善于斗争、艰苦奋斗、密切联系群众、理论联系实际、批评和自我批评等。这些在特殊的历史阶段形成的优良传统和作风，集中体现了中国共产党的性质和宗旨，是区别于美国等西方国家政党的显著标志。

中国共产党的优良传统和作风是党的实践经验的结晶，是中国共产党在长期的革命斗争和自身建设的伟大实践中积淀下来的宝贵精神财富，是马克思主义世界观在党内生活和党的工作实践中的具体体现。中国共产党的优良传统和作风不仅在党的发展史上发挥过极其重要的作用，而且今后仍然发挥作用。保持和发扬中国共产党的优良传统和作风意义重大，事关中国人民的认可度、美誉度，事关中国共产党在中国社会中的形象和威望。

中国共产党特殊的发展历史，使得中国共产党具有强烈的使命感，能够自觉深刻总结正反两方面的历史经验从而获得有益启示，丰富的实践有益于吸取历史教训从而不断完善自身，历史上形成的优良传统和作风有利于产生和增强历史力量，促使和鞭策中国共产党接续不懈地奋斗。对此，美国的一些学者也清楚地认识到这一点，“一党制的运转，其优点在于能够利用过去的经验教训，政党有很强的决策能力，而这些恰恰是多党制的缺点。在多党制下，人们的视野局限于如何赢得下一届选举的胜利，但是一党制没有这种顾虑”[①]。

美国民主党和共和党、英国保守党和工党、法国社会党、意大利天主教民主党等，虽然也有100多年的较长发展历史，但美国等西方国家的政党在建立和发展过程中，仅面临某些政党之间的博弈，或来自其他政治派系势力的挑战。为了竞选成功，政党相互之间也存在矛盾冲突甚至产生激烈的对抗，但其与中国共产党筚路蓝缕、波澜壮阔的奋斗经历则无法比拟。

① 赵忆宁：《探访美国政党政治：美国两党精英访谈》，中国人民大学出版社2014年版，第6页。

第二章

利益代表优势

政党的利益代表问题深层次涉及政党能否拥有广泛而长期支持的社会基础。从历史的发展起端看，美国等西方国家政党形成之初，是资产阶级的代表，是小部分人利益的表达者，是资本主义制度的维护者。中国共产党建立之初即表明是无产阶级的代表，是占绝大多数的中国广大劳动人民利益的维护者，这是与美国等西方国家政党的本质区别。所以，利益代表的多数性与广泛性是中国共产党的显著特征，也是自身的显著优势。

一、政党与利益表达、利益整合

利益表达和利益整合是政党的重要功能，政党要登上政治舞台并有效发挥作用，就必须发挥好这个功能。马克思主义认为，政党起源于阶级斗争，是阶级和阶级斗争发展到一定历史阶段的产物，政党是阶级的先锋队。政党集中代表一定阶级或阶层的利益，代表特定群体利益是政党的本质属性。同样，在西方一些学者看来，“政党是寻求代表多元的、广泛的社会利益的组织”[①]。将不同的利益团体整合在同一组织之下是政党所要发挥的重要功能。因此，很多政党试图凝聚广泛的社会利益。

政党利益表达，不是简单地充当民众意见和要求的“传声筒”和“输送带”，而是要进行利益整合，以实现政党有效的利益表达。政党

① 〔英〕艾伦·韦尔：《政党与政党制度》，谢峰译，北京大学出版社2011年版，第10页。

整合民众的意见和要求，使之变成政党的政策和主张。这就需要政党把分散的社会集团或个人的利益要求，整合为一整套能够作为有效决策基础的重大选择方案，从而整合社会政治资源。尤其是现代社会，阶层分化日益多元，不同的社会阶层、不同的利益群体之间的关系错综复杂，各种利益诉求愈益强烈，这在客观上要求政党要更有效发挥利益表达和利益整合功能。

在现代社会，利益表达可以通过多种渠道来实现，如社会组织、利益集团、政府机构、新闻媒体、公民个人等。但是，由于政党在国家中的地位和影响力，政党的利益表达和利益整合是重要渠道。政党的利益表达和利益整合功能，是现代社会政治发展和政治稳定的需要。利益表达和利益整合的能力与成效如何，在某种意义上决定政党的生命。

与美国等西方国家政党相比，中国共产党的利益表达和利益整合功能，为什么在实践中更加有效，这是因为在许多方面都体现了明显的优势。

1. **理论和纲领的表达**。政党理论是政党行动的先导，政党纲领是在政党理论指导下制定的行动路线。代表谁？为了谁？中国共产党的理论表达非常清晰和明确，制定的纲领非常具体。中国共产党是以马克思主义为指导建立起来的政党，而马克思主义是人类历史上第一个系统表达人民利益的理论体系，人民性是马克思主义的本质特征。因此，中国共产党的指导思想决定了其必须表达人民利益。从新民主主义革命时期的“反帝、反封建、反对官僚资本主义”纲领的提出，到改革开放时期的“一个中心、两个基本点”基本路线的确定，再到新时代提出“全面建成社会主义现代化强国、实现第二个百年奋斗目标，以中国式现代化全面推进中华民族伟大复兴”，都说明了中国共产党着力表达中国人民的利益。

美国政党的纲领是什么？从来也不明确，且缺乏持续性。美国的政治总是以两党的“混合体”呈现，即便候选人出自同一个政党，其竞选期间所提出的主张也有所不同，而且参选人在竞选期间的承诺与当选后实际表现的“一致性”反差甚大。在美国每四年一次的总统竞选中，虽然在两党各自的代表大会上，也会制定新的纲领，但几乎每一个竞选人都不在意。而恰恰相反，中国共产党很看重纲领，并在实践中一直按照纲领的要求去行动。对此，前世界银行驻中国首席代表皮特·鲍泰利认为：“中国至少有长远的目光，真正地在实施自己的规划，这是只属于中国的特点，世界上很少有国家能真正做到。”[①] 纵观全球，半个世纪以来，中国的“五年规划”是执行得最好的。

2. **方针和政策的表达**。方针是政党在一定历史时期为达到一定目标而确定的指导原则；政策是政党在一定历史时期为实现一定任务而规定的行动依据和准则，有总政策和具体政策之别。方针和政策是中国共产党实际行动的指导原则和出发点，并表现于中国共产党的行动过程，服务于其战略目标和任务。方针和政策保证了中国共产党的利益表达和利益整合在实践中能更好体现，如中国共产党在新时期制定的改革开放政策，之所以能得到中国社会各阶层的赞成和拥护，深层次的原因在于其表达和体现了中国人民的利益。

美国的两党轮替，不仅仅是总统的替换，也是国家政策的“替换”。当选的总统不同，就会有不同的政策。在利益表达方面像过山车一样忽高忽低，似钟摆一样忽左忽右。如共和党人组成的政府免除了富人所得税，民主党人组成的政府又恢复向富人征收所得税，美国政党在政策上时常呈现“拉锯式循环”。因此，西方政党的上台或下台往往都会引起国家一些政策的改变和调整，常常表现出不确定性。恰恰相反，中国共产党的方针和政策一经确定，就能够保持长期的稳定性、连续性。

---

① 赵忆宁：《探访美国政党政治：美国两党精英访谈》，中国人民大学出版社2014年版，第5页。

3. **制度和体制的表达**。制度是在一定的历史条件下形成的政治、经济、文化等各方面的体系。一个国家的社会制度是利益表达和利益整合的最高层次体现，是利益表达和利益整合的根本保证。体制是在制度框架下的一种“运作”，如国家机关、企业和事业单位机构设置和管理权限的划分。可见，制度和体制对表达什么利益及如何表达利益至关重要。在新中国成立后建立、完善和发展的“人民代表大会制度”“中国共产党领导的多党合作和政治协商制度”以及“社会主义公有制为主体、多种所有制经济共同发展的基本经济制度”“党的各级委员会实行集体领导和个人分工负责相结合”等根本的和基本的制度和体制，从根本上保证了人民利益的正确表达和有效整合。

美国的制度和体制存在很多缺陷，如选举制度就面临着利益表达的难题。美国的投票率远远低于许多国家，“为什么美国的投票率低于其他民主国家？因为美国的政府体系和选举法都对民众的投票率产生压制”①。更严重的是参加投票的美国人与那些不参加投票的人存在群体性差异。非裔美国人和拉美裔美国人的投票率低于白人，穷人的投票率低于富人，受教育程度较低的人群投票率低于受教育程度较高的人群。“简言之，全体选民的合唱，吟咏的只是有权有势者的声音。”② 这样的制度设计很难全面、真实、充分表达民意。再如美国“政府停摆”现象的屡屡发生（自1976年美国国会正式执行预算程序以来，美国联邦政府已经经历了多达21次“停摆”），说明了美国制度运行实际存在严重缺陷。

4. **思想和行动的表达**。政党的行为受其思想支配，而思想由理论指导所决定。中国共产党的理论基础是马克思列宁主义，思想和行动的出发点及落脚点都集中体现在维护发展人民利益。中国共产党开展各项工作都务必以人民的利益为价值取向，以人民的利益为价值标

---

① 〔美〕L.桑迪·梅塞尔：《美国政党与选举》，陆赟译，译林出版社2017年版，第136页。
② 同上。

准，以人民的利益为行为准则，以维护人民利益为根本目的。从中国式现代化发展的进程看，中国共产党领导的新民主主义革命、社会主义革命和建设、改革开放和社会主义现代化建设及新时代中国特色社会主义取得伟大成就，探索出了一条适合中国社会发展的道路——中国特色社会主义道路，这足以证明中国共产党在思想和行动上表达和整合人民利益富有成效。

美国政党所表现的言行与中国共产党明显不同。支持美国民主党和共和党的民众大约各占30%，无党派选民（independent voter，也称独立选民）约占40%，候选人除了要获得同党支持者的选票，还必须获得无党派选民的支持，只有这样得票才会超过半数，进而赢得选举。这就迫使候选人要不断调整选举策略，因为无党派选民关注的问题一直在变化。可见，美国政党候选人的言行受“选情左右”。

在美国的选举特别是在两大党推举候选人的四年一次的总统选举中，政党言行体现出典型的利益表达和利益整合功能。但美国政党的利益表达和利益整合，要受到利益集团的较强制约和直接影响。如美国人口近3.3亿人，民间有枪支超过4亿支，平均每100人持有大约120支枪。据“美国枪支暴力档案”网站显示，仅2022年全年，美国有44271人死于枪支暴力。人们不禁要问：美国为什么难以禁枪？原因虽然是多方面的，但根本问题是“背后”的利益集团影响。在美国，枪支产业拥有强大的政治影响力，他们能够通过加入和支持政治团体以及大量资助竞选，来为自己的利益进行游说和争取政策支持。枪支产业可以通过多种方式与民意和立法机构保持密切的联系，在政治舞台上影响到各种关键决策。尤其是美国总统的竞选就是在烧钱，在各州举行演讲、拉拢票数都离不开钱。想要筹款就得拉拢各个行业的巨头、财团支持，而每次美国总统大选，步枪协会都会给自己支持的竞选人投入大量的资金。“竞选的外部赞助都来自特别的利益集团，现在资助的数量完全压倒了政党通常在竞选中提供的经费。”[①]“金钱政治”是美国选举的客观事实，这就必然扭曲了美国政党在实际行动上利益表达和利益整合的真实性。

在日本政界，历来流行着所谓“选举三要素”的说法，即稳定的票仓、较高的知名度和雄厚的资金。政党的经费不够时，就通过募捐来填补，这就是政治献金，而通过观察日本历次重要的选举可见，来自企业和个人的政治献金的多寡往往决定着一个政治家的前途乃至一个政党的命运。日本虽然早在1948年便出台了规范政治献金的《政治资金规正法》且经过多次修正补充，不过政治家们总能找到诸多漏洞来寻求“灵活”的空间。其中最为典型的便是屡禁不绝的变换名头的“政治筹款派对”，虽然直接以政治家个人名义举行的募款餐会被禁止，但换个名称照样可以卖门票，例如新书出版签售会或者纪念活动等等。各政党各派系还会为旗下议员设定要卖出的门票数，资历越深，负责卖的门票也就越多，门票所得由所属派系统筹使用。2023年“安倍派”深陷黑金丑闻，实际上就是将部分门票收入未记入报告并以“回扣”名义发放。所谓“回扣”，就是作为“鼓励”机制，如果议员筹集的资金超过配额，超额部分不记入政治资金收支报告，直接作为“回扣”补贴议员。正因为这些未按法律规定登记的“回扣”，逃避了财务报告的监管，实际上转化成了黑金。政治资金的非法筹集与不当使用，一直是日本政治的顽疾。历史上，日本自民党曾多次爆发类似事件。

---

① 赵忆宁：《探访美国政党政治：美国两党精英访谈》，中国人民大学出版社2014年版，第36页。

二、整体代表与部分代表的根本区别

在代表对象“多与少”方面，中国共产党与美国等西方国家政党泾渭分明。中国共产党与全体中国人民利益联系在一起，而美国等西方国家政党都很难在实际中真正做到“代表全体国民”。

中国共产党建立之初，即表明是“绝大多数人”的代表，是中国广大劳动人民利益的维护者，这是与美国等西方国家政党的本质区别。所以，在历史上，利益代表的多数性与广泛性是中国共产党的显著特征。习近平总书记指出：“中国共产党始终代表最广大人民根本利益，与人民休戚与共、生死相依，没有任何自己特殊的利益，从来不代表任何利益集团、任何权势团体、任何特权阶层的利益。”[①]中国共产党在自身的发展和奋斗的历史过程中，所表达、维护、实现利益

① 《习近平谈治国理政》第四卷，外文出版社2022年版，第9页。

的“对象”非常清晰和确定：为了广大中国人民的利益。

中国共产党诞生于20世纪20年代初的半殖民地半封建的中国社会。在中国社会存在的帝国主义、封建主义以及官僚资本主义的势力，都有各自的势力范围和利益代表者。他们垄断并控制了中国的政治、经济权力，占有着社会绝大部分的社会生产资料，在社会中处于绝对的支配地位。而处于中国社会最底层的，占中国社会人口绝大多数的广大农民、工人等劳动人民，却遭受着残酷的剥削和压迫。中国共产党的出现，是站在帝国主义、封建主义和官僚资本主义势力的对立面的崭新政治力量，党一建立即明确宣称为无产阶级政党，是代表农民、工人以及其他劳动者利益的政党。

中国共产党的多数性代表符合马克思主义政党性质要求。《共产党宣言》强调，过去的一切运动都是少数人的，或者为少数人谋利益的运动，无产阶级的运动是绝大多数的、为绝大多数人谋利益的独立的运动。共产党的多数性代表，其理论的依据建立在历史唯物主义基础之上。人民群众是社会实践的主体，是社会物质财富和精神财富的创造者，是推动社会发展的根本性动力和决定性力量，人民群众的利益代表社会发展的方向。所以，共产党要成为先进的政党，要成为推动社会进步的政治力量，要成为领导人民群众前进的政党，就必须成为人民群众利益的忠诚代表。

“始终代表最广大人民的根本利益”是中国共产党的生命所在、力量所在。“始终代表最广大人民的根本利益”反映了中国共产党的历史本色、历史要求、历史作为，是中国共产党性质的最根本体现，是中国共产党的政治优势。代表全体人民利益之所以是中国共产党的优势，是因为它奠定了领导和执政的坚实基础，提供了巨大的前进力量，有利于集中人民智慧，同心协力完成奋斗目标和任务。

美国等西方国家政党在形成之初便是少数人的代表，这是历史的客观真实。英语政党单词“party”本身就有“部分”的含义，可见，在英语的语境里，政党与“一部分人”始终联系在一起。西方政治理论认为，社会由不同的利益集团组成，各个利益群体都应该有自己的代表，这是西方多党制的起源之一。而中国共产党属于“整体性”政党，“在政党制度方面，中国是一个‘国家型政党’（a state party，或‘整体利益党’），它的作用是领导和协调”[①]。可见，中国共产党是代表整个国家和人民整体利益的政党，在利益代表方面和利益代表对象方面与美国等西方国家政党截然不同。

英国主要有三大政党，分别是保守党、工党、自由民主党。此外还有其他政党，如英国社会民主党、英国共产党、苏格兰民族党、威尔士民族党、绿党、英国独立党、英国国家党、民主统一党、新芬党等。美国除了民主党和共和党两个主要政党外，其他党派还有共产党、社会党、社会劳工党、社会主义工人党等。众多的美国等西方国家政党的利益代表在事实上“肢解”“分割”“碎片化”了社会。在西方，政党都有一定数量的“铁杆选民”（如美国共和党和民主党的两党“铁杆选民”约各占10%），这些选民通常是政党的“忠诚分子”，而其他选民则“另立山头”或“摇摆不定”。因此，正由于西方国家政党的“多元性”，他们的任何政党都难以整体表达民众的主张和体现民众的意志。

英国在1688年“光荣革命”后，选举制度依旧，唯一变化是逐步以财产的多少而不以是否出身于贵族来分配选举权。据1711年英国法律，要想当市镇、郡的议员，必须有300英镑或600英镑以上的不动产以及土地年收入；有意当议员而又未当选者，可以用4000到5000英镑的金钱购买。18世纪中叶，在700多万的英国人口中，仅有10多万人有选举权，而有被选举权的人就更少了。虽然英国在1832年对选

① 张维为：《文明型国家》，上海人民出版社2017年版，第55页。

举制进行了改革，但其改革只是改变不均衡的议席分配和调低财产限额，具体是调整了选区的划分，增加了工业区的代表名额，降低了对行使选举权的财产要求。正因为选举权局限于有产者之中，当选者既是有产者又受制于有产者，故理所当然代表有产者。而有产者在当时社会的总人口中属于少数，就是说他们局限于少数人的范围。

从选举角度看，美国在建国后一个相当长的时间里，公民的选举权明显受到限制。如妇女的选举权，直到1920年，宪法第19条修正案的通过才获得；而黑人和少数族裔的选举权，到1965年的选举法获得通过后才清除限制的障碍。但实际上在深刻存在的种族歧视下，黑人和少数族裔的选举权在很长一段时期内并未得到有效落实。美国民主党和共和党也都有各自的"重要选区"和支持的选民群体，可见在利益表达和利益整合上很难实现"全部"。

从林肯到拜登，成为白宫主人所需的花费就已经增加了超350倍。2016年，希拉里参加总统大选筹集了约11.4亿美元；2020年，拜登在竞选中花了大约10亿美元，特朗普花了大约6亿美元。而据央视网2024年11月7日的报道，2024年将是美国史上最昂贵的选举周期，总支出预计高达159亿美元，继2020年花费151亿美元之后，再次成为史上最贵选举。[①]"许多潜在的候选人在竞选开始之前就宣布放弃，因为他们无力承担一名具有竞争力的候选人必须筹到的'参选费用'。"[②]

美国总统、议会竞选中的经费使用，始终是社会关注的问题。迫于社会的压力，美国对于竞选捐款中出现的问题，也曾陆续规定了一些限制选举捐款来源、限制捐款数额、限制竞选支出、公开捐款等措施。但这些法案仍然有许多漏洞可钻。美国的政界与财团的联系非常

---

① 央视网：《2024美国大选"史上最烧钱"总支出或达159亿美元》，央视网，2024年11月7日，https://finance.cctv.cn/2024/11/07/ARTIAy2bWcTujtS1t8geh0Qu241107.shtml。

② 〔美〕L.桑迪·梅塞尔：《美国政党与选举》，陆赟译，译林出版社2017年版，第140页。

密切。事实证明，受金钱影响的政治不可能公平、公正，如当选的美国总统常以驻外大使职位回馈金主，“小布什政府大使任命中有30.02%属于政治任命，克林顿政府27.82%，老布什政府31.30%，奥巴马政府属于政治任命的大使则高达32.20%。”[①] 这种做法曾引起美国职业外交官的不满。美国外交协会在奥巴马当选后发表声明，呼吁废除这种制度，停止租赁驻外大使的行径。

西方政党在历史上的“少数性”代表特征，反映了西方政党发展的“历史真实”，反映了其在历史上代表的特定对象，反映了其所依附存在的社会基础。这个“真实”是西方社会历史发展过程中的客观存在。事实上，美国的选举受到很多限制，难以真实反映民情。“美国近一半的民众无法用选票真实地表达自己的意愿，而任何当选的政党或政客都不可能得到超过三分之一民众的真心支持。”[②]这样的选举结果不可能代表大部分民众的意愿。如美国共和党最大的金主是商会（Chamber of Commerce），而商会背后是石油、银行、烟草等许多大公司。因此，美国共和党提出的一些政策主张，是很难维护普通民众利益的。美国民主党最大的金主是工会，故其所提出的政策主张具有很明显的倾向性。

在一个国家内，每个组织都有言论自由，这是毫无疑问的，但问题是它的言论是为谁发出的。如果某一个组织集合了大众的言论而发出，就与大众有联系。如果组织的上层只为自己说话，却假装为整个组织或整个社会在说话，那么这种言论的发出就是欺骗行为。事实证明，在资本主义框架下的公司结构，代表的只是一部分资产和资产拥有者的利益。由于美国竞选资金不设上限，这就意味着富人可以不受

① 赵忆宁：《探访美国政党政治：美国两党精英访谈》，中国人民大学出版社2014年版，第108页。

② 赵忆宁：《探访美国政党政治：美国两党精英访谈》，中国人民大学出版社2014年版，序言第4页。

限制地发挥他们在金钱上的优势。在美国现实生活中，获得政治献金越多，话语权就越大。显然，代表财团的利益就不可能真实代表大众利益，这是常理。如美国堪萨斯州州长在竞选中得到了科赫兄弟的支持，他在当选州长之后，在2012年通过了州所得税的减税计划。[①]而科赫兄弟从减税计划中所获得的收益，远远超过了他们为现任州长所提供的竞选资金，可见政治献金的投资回报率非常高。美国政党的"外围团体"可以不受限制，这得益于美国联邦最高法院关于"公民联合会"一案的裁决，公司可以资助政治团体，"外围团体"的筹款金额、筹款来源、助选广告等都没有限制。为此，科赫兄弟赞助"外围团体"5000万美元的竞选款项，这说明美国的资本与政治体系紧密联系在一起。

"在当今美国政治中，制定什么样的政策已经无关紧要，真正重要的是你有多少钱，能够调动多少选民真正走出家门，到投票站去投票支持你。"[②]奥巴马当选美国总统就是由于他成功地筹集了大笔竞选资金，而且他善于利用社交媒体和民调策略，调动了选民的积极性，找到了支持他的选民。在美国州一级的竞选中，金钱同样重要。曾担任共和党明尼苏达州委员会主席的基思·唐尼认为："通过投入大量的资金，它们可以轻易地削弱一个政党在立法机构的力量，甚至将另一个党变成多数党。所以在州竞选的经费多少，取决于外部集团是否认为它们可以改变该州立法机构的政党政治格局。"[③]正因为资金在选举中的重要性，美国州一级的政党委员会主席，平时有80%以上的精力用于筹款。由此可见，美国政党要员的大部分精力并没有用在对国

① 参见赵忆宁：《美国会吸收中国的一些实质性经验》，新浪财经，2014年1月14日，https://finance.sina.cn/sa/2014-01-14/detail-iiznezxt2125046.d.html。

② 赵忆宁：《探访美国政党政治：美国两党精英访谈》，中国人民大学出版社2014年版，第174页。

③ 赵忆宁：《探访美国政党政治：美国两党精英访谈》，中国人民大学出版社2014年版，第196页。

家和社会的有益治理上。

美国政党表面上声称代表全体美国人民，但事实上，他们存在不同的利益表达倾向，这从选民对政党的支持率上就可以看出。美国民主党的核心选民，通常是各类移民团体、天主教徒和犹太教徒、黑人及工会会员等。近年来，少数族裔群体越来越成为民主党支持者联盟的重要组成部分，如非洲裔美国人、拉美裔美国人和亚洲裔美国人在美国的选民中占的比例较大。而美国共和党的核心选民，更多的是各种流派的新教徒、非南方白人男性、中上层阶层及“土生土长”的美国人等。可见，美国任何一个政党都做不到“代表全部”。

三、密切联系群众是中国共产党的政治优势

群众路线是中国共产党根本的政治路线和组织路线，是中国共产党的根本工作路线及领导作风和工作方法，是中国共产党利益表达和利益整合的生动体现。党的群众路线产生于党的初创时期，形成于革命时期，在社会主义建设和改革开放的历史新时期得到了不断丰富和发展，是中国共产党的显著政治优势。

党的群众路线形成于革命战争年代。早在1920年起草、1921年发表的《中国共产党宣言》中就明确提出，要让“劳动群众”的势力“发展和团聚”起来，创造一个新的社会，这可以被看作是中国共产党群众路线的早期萌芽。在井冈山时期，毛泽东就曾强调要按“群众路线”办事，他在1943年写的《关于领导方法的若干问题》一文中明

确指出："凡属正确的领导，必须是从群众中来，到群众中去。"[①] 他在1937年及其后撰写的《实践论》《矛盾论》等一系列重要著作中，对群众工作经验进行了理论上的概括和升华，形成了党的群众路线理论。

1945年党的七大首次对党的群众路线进行系统总结，概括了建党以来特别是土地革命战争时期和抗日战争时期关于群众路线的理论和实践。1956年党的八大将党的群众路线内容正式写入党章。在改革开放新的历史时期，党根据新的情况进一步丰富和发展了群众路线理论。1981年党的十一届六中全会通过的《关于建国以来党的若干历史问题的决议》，对群众路线的内涵作出了更为明确、简洁的概括：群众路线就是一切为了群众，一切依靠群众，从群众中来，到群众中去，把党的正确主张变为群众的自觉行动。之后，历次党代会政治报告都强调要坚持和贯彻党的群众路线。

作为马克思主义政党，中国共产党创造性地提出并始终忠实践行马克思主义的群众观点和群众路线，特别强调一切为了人民群众，把全心全意为人民谋利益作为党的一切工作的根本出发点和落脚点；特别强调一切依靠人民群众，坚定地相信人民群众，尊重人民群众的首创精神，善于汲取人民群众的智慧，把人民群众实践活动的新创造及其取得的新成果作为制定方针政策的依据；特别强调党的方针政策要从人民群众中来，到人民群众中去，并以此转化为人民群众改造世界的强大动力。

保持党同人民群众血肉联系是党领导中国革命、建设和改革的制胜法宝。中国共产党是在与人民群众密切联系和共同奋斗中诞生、发展、壮大起来的。党的全部历史铸就了一个铁律：密切联系群众是党的最大优势，任何时候都不能削弱和丢掉这个优势。习近平总书记深

① 《毛泽东选集》第三卷，人民出版社1991年版，第899页。

刻指出："历史和现实都告诉我们，密切联系群众，是党的性质和宗旨的体现，是中国共产党区别于其他政党的显著标志，也是党发展壮大的重要原因；能否保持党同人民群众的血肉联系，决定着党的事业的成败。"①

人民群众是推动历史前进的，影响和决定历史进程的根本性力量。中国共产党作为执政党，根基在人民，血脉在人民，力量在人民，无论过去、现在和将来，密切联系人民群众都是中国共产党立于不败之地的最大政治优势。这个政治优势主要表现在以下几个方面：

1. **密切联系群众支撑着中国共产党的科学决策力**。人民群众是社会实践的主体，其经验和智慧契合了社会发展规律，其愿望和诉求反映着社会前进脉搏。党的领导思想和领导决策来自人民群众，是人民群众经验的总结；党的路线方针政策的贯彻落实，靠人民群众的理解、拥护和支持，靠人民群众参与的伟大实践活动。与人民群众保持密切联系，坚持问政于民、问需于民、问计于民，中国共产党就能从根本上牢牢居于决策制高点，确保出台的各种决策合乎规律性、体现时代性、富于创造性，能够经得起历史和实践的检验。

走群众路线不仅是中国共产党铸就辉煌、创造奇迹的重要密码，也是中国共产党带领人民群众在新时代从容应对各种风险与挑战的有力武器。新时期，实行改革开放是人民的意愿。邓小平曾明确地说："农村搞家庭联产承包，这个发明权是农民的。农村改革中的好多东西，都是基层创造出来，我们把它拿来加工提高作为全国的指导。"②其实，改革开放中许许多多的重大决策和具体做法都是由群众在实践中提出的，都是群众的经验、集体的智慧。

2. **密切联系群众支撑着中国共产党拥有强大动员力**。人民群众是改造现实世界、开创未来事业的决定性力量。做到自觉为民众谋利造

① 《习近平谈治国理政》第一卷，外文出版社2018年版，第366—367页。

② 《邓小平文选》第三卷，人民出版社1993年版，第382页。

福，把人民的利益放在首位，中国共产党就能拥有一呼百应的巨大感召力和影响力，集中人民群众的力量优势，始终做到勇往直前。

中国共产党正是靠着这种强大的动员力，在革命战争年代带领人民战胜艰难困苦，打赢大仗、恶仗和硬仗，在和平建设时期则充分体现社会主义制度集中力量的优势，办成大事、要事和难事，始终做到勇往直前、稳操胜券。美国皮尤研究中心（Pew Research Center）和亚洲动态（Asia Barometers）等独立可信的民调机构，都发现中国中央政府在民众中的威望极高，支持率最低都在75%以上，远远高于西方政府在西方社会的支持率。[①]对比美国等西方国家政党，毫无疑问，牢固的民众基础是中国共产党领导事业发展的强大力量。

3. **密切联系群众支撑着中国共产党形成强大凝聚力**。始终与人民群众同呼吸、共命运、心连心，中国共产党就能凝聚起人民群众的力量，真正形成党的理想信念与人民群众一致的命运共同体、精神追求一致的价值共同体、奋斗目标一致的利益共同体，就能使整个国家和民族经得起任何的考验，在事业发展上无往而不胜。与美国等西方国家政党相比，中国共产党对社会的凝聚力要强大得多，其深层次的原因就是中国共产党与中国人民的关系比较密切。

中国虽然有56个民族，但像石榴籽一样“紧紧抱在一起”。民族团结是凝聚力的具体表现，这种凝聚力的实际表现说明中国共产党重视加强与各民族人民群众的密切联系。这个强大的凝聚力量，来源于中国共产党将维护中华民族的共同利益作为出发点，来源于“为中国人民谋幸福、为中华民族谋复兴”的初心和使命。“人民需要”是中国共产党凝聚力形成的源泉，践行“全心全意为人民服务”的宗旨体现了中国共产党人在不同的历史时期和发展阶段，都始终以人民群众需要为根本出发点。中国共产党的这种凝聚力，是聚合力也是吸引

① 参见张维为：《文明型国家》，上海人民出版社2017年版，第58—59页。

力，会大大增强中国共产党的自身优势。

4. 密切联系群众支撑着中国共产党的卓越领导力。自觉当好人民群众政治上的领路人和主心骨，是中国共产党的使命所系、职责所在。与人民群众保持血肉联系，做到权为民所用、情为民所系、利为民所谋，中国共产党就能得到中国人民的高度信赖、真诚拥护和倾力支持，在全局上发挥政治引领作用，团结带领全国各族人民不断开创事业发展新局面。孟加拉国前驻华大使孟什·法亚兹·艾哈麦德曾直截了当地指出："中国何以能够发生如此巨变？中国共产党为什么能够取得成功？我想，最大的原因是中国共产党始终对人民负责，真正为老百姓服务。"[1]只要不抱有政治偏见，得出这个观点就是客观的。

坚持中国共产党的领导不仅仅是一句政治口号，它更是中国人民形成的共识。一百多年来，中国共产党领导人民浴血奋战、百折不挠，创造了新民主主义革命的伟大成就；自力更生、发愤图强，创造了社会主义革命和建设的伟大成就；解放思想、锐意进取，创造了改革开放和社会主义现代化建设的伟大成就；自信自强、守正创新，创造了新时代中国特色社会主义的伟大成就。正是这些伟大成就奠定了中国共产党的领导地位，使得中国共产党，实实在在地成为人民群众的主心骨，由此产生了巨大的社会力量，引领和保证中国社会稳步前行。

当然，客观看，在实行全社会普选的大背景下，美国等西方国家政党及一些政要在某些方面也重视与选民之间的联系，这是西方社会民主政治的一种进步。

美国等西方国家在政治制度和政党制度方面虽然存在着一定的差异，但其政党的行为特征有一个共同点，即这些国家的政党都是在政

---

① 中共中央宣传部《党建》杂志社策划并采写：《关注中国——41位驻华官员谈中国共产党》，红旗出版社2011年版，第68—69页。

治竞争的环境下生存和活动的。政党通过选举竞争，获取政治地位，达成执政或参政目的。在长期的政治实践中，美国等西方国家发展出了一套适合他们国情的政党联系民众的制度安排，取得了不同程度的效果。

如强调通过整合、协调不同社会阶层和族群利益，力争构建广泛的政党与民众的关系。一些西方发达国家政党基于社会阶层分化和利益多元化的现实，努力将传统支持力量和新兴社会阶层纳入政党活动的范畴。德国社会民主党、西班牙工社党等认为，政党不仅要向“关心党的工作的公民开放”，还应加强与各种新社会运动、宗教团体的对话与合作。英国工党和保守党认为，针对信息社会中选民政治参与方式的变化，政党必须设计出新颖和富有吸引力的宣传组织方法。德国社会民主党提出要创造“双向式”和“开放式”的政党与民众的对话活动平台。

再如重视通过制度保障、创新联系民众方式以强化政党与民众之间的关系。西方多数政党普遍建立了一定方式和渠道的政党联系民众制度，并设有专门的组织机构，还安排政党组织内重要人物或专人负责，以保障与民众联系工作的制度化。此外，还严格规范与民众联络的工作流程，为此设定具体时间和任务目标。有的政党明确了联系民众工作中的行为主体和责任制度，并设定时间表和预期目标。规定各级机构和议员必须公开地址和联系方式，及时回应和解决选民的质疑或请求。

由于选举的需要，在联系民众的过程中，美国等西方国家的政党也在不断适应社会信息化的发展要求，创新工作方式。一些政党的全国大会除安排政党领导人发表演讲外，还专门留出时间让参会民众作简短发言，或进行某些形式的互动交流。德国各政党议员在圣诞节时，还会在街头立起圣诞树、摆放宣传资料和酒水，与街上过往民众边喝边聊；或在节假日期间前往幼儿园与孩子们玩耍，与家长们沟通。有的政党结合各种现实存在的民生问题，开展主题鲜明的活动。英国工党针对民众需求发起的“养老金储蓄运动”和“防止手机被盗运动”，就颇受普通民众的关注。有的政党主动利用传统媒体与信息新技术开展群众工作。德国社会民主党和德国基督教民主联盟、英国工党和保守党的领袖和议员都尽可能通过电视媒体和记者会发布各种信息和主张，政党的各级机构和专职干部也会不定期参加电视台的访谈节目，以便加强与社会大众的沟通。

尤其值得一提的是，西方国家许多政党普遍建立自己的网站和博客，方便与民众进行快捷沟通。美国、英国、法国、德国等国家政党，大都建有自己的网站，并在网页上公布本政党的相关信息，以供民众随时查阅浏览。英国工党前党首布莱尔开设有“走进唐宁街10号”网页，保守党前领袖卡梅伦将个人主页命名为“网络卡梅伦”，德国社会民主党、英国工党等通过创办电子党报和网络杂志，向民众直接发送电邮或短信等方式介绍本党主张，大大提高了对选民群众工作的针对性和实效性。德国几乎每位联邦议员都有自己的个人网页，内容从工作、家庭到个人业余爱好无所不包。一些政党的领导人和议员的个人主页还设置了相应的民众评论功能，并及时对民众提问给出明确的答复时间。

显然，美国等西方国家政党所实行的联系民众的多种方式是民主政治发展的一大进步，也是民主政治发展的一种新形式，但这不是西方“民主的全部”。“多党制并非民主的精髓，民主的要义是能够对人民负责。”[①]客观看，美国等西方国家的政党也通过一定的方式加强与选民的联系，但出发点是获得选票，而不是真正为了选民。在获得选票与表达选民利益的选择上，优先考虑的是获得选票而不是人民利益。可想而知，在这样的前提下，美国等西方国家的政党就很难满足

① 赵忆宁：《探访美国政党政治：美国两党精英访谈》，中国人民大学出版社2014年版，第5页。

选民的实际利益需求，不能真正做到维护民众的实际利益。事实上，在强大的“资本力量”作用下，美国的政治力量已经真正失去必要的独立性和中立性。因为，美国的“资本力量”已经完成了对美国社会的全面渗透，特别是对主流媒体的控制。为此，这就不可避免地导致美国政党在利益表达方面的畸形化。

第三章

理论指导优势

理论是行动的先导。理论思维是政党的“内核”，政党用什么样的理论指导就会有什么样的行动。中国共产党与美国等西方国家政党的差别，在根本上是理论指导方面。中国共产党坚持思想建党和理论强党，这是中国共产党自身建设的优良传统和宝贵经验。中国共产党的理论优势在于确立了科学理论在全党的指导地位，并与不同历史时期的实际紧密相结合形成了系统完备的理论体系，在党的事业发展实践中发挥了有效的指导作用。

一、确立科学理论指导

2021年7月1日，在庆祝中国共产党成立100周年大会上，习近平总书记明确指出："中国共产党为什么能，中国特色社会主义为什么好，归根到底是因为马克思主义行！"[①]这一论述蕴藏着丰富而深刻的内涵，揭示了中国共产党"能"、中国特色社会主义"好"与马克思主义"行"之间的辩证关系，强调了马克思主义"行"的重要地位。这是对中国共产党百年来团结带领中国人民取得伟大成就的经验总结。

中国共产党的指导思想是全党各项工作的行动指南，是指导党的全部活动的理论体系，是党具有生命力和创造力的灵魂和根本，是党对于整个社会历史发展规律的基本认识，是党的全部理论观点、价值

① 《习近平谈治国理政》第四卷，外文出版社2022年版，第10页。

体系的集中体现，是党的政治建设、思想建设、组织建设、作风建设、纪律建设、制度建设及反腐败斗争的理论基础，也是党制定纲领、路线、方针、政策的理论基础。中国共产党正因为有了科学理论的指引，党的各项工作才能做到不断增强系统性、原则性、预见性、创造性。

1. **马克思主义是科学的理论**。一种理论行不行，首先看它是否具有科学性。科学性是保证一种理论能否正确指导实践的重要标准。人类有史以来，实践证明马克思主义理论体系是一种科学的世界观和方法论，它不仅揭示了自然、社会和人类思维的普遍规律，而且揭示了人类社会发展的一般规律，它的基本原理是正确的，具有强大的生命力。因此，马克思主义是中国共产党的“望远镜”和“显微镜”，是思想武器和精神支柱。正因为马克思主义理论的科学性，使它不仅深刻地改变了中国，更深刻地改变了世界。拥有马克思主义科学理论指导是中国共产党坚定理想信念、把握历史主动的根本所在。

2. **马克思主义是人民的理论**。一种理论行不行，根本看它究竟代表了谁的利益，只有代表广大人民群众根本利益的理论才能得到人民的拥护和践行，才能真正推动历史的进步和发展。马克思主义是全面系统和真心实意维护人民利益的理论，人民性是马克思主义的本质属性，人民至上是马克思主义的政治立场。马克思主义之所以具有跨越国度、跨越时代的巨大影响力，就是因为它既植根于人民之中，服务于人民，同时又指引人民不断创造新的历史。正因为在马克思主义理论的指导下，中国共产党确立了全心全意为人民服务的根本宗旨，保持了中国共产党的党性与人民性的一致，赢得了中国人民的支持和拥护。

3. **马克思主义是实践的理论**。一种理论行不行，关键看它是否来源于实践并具有指导实践的价值。列宁曾明确说：“马克思只是研究和探讨现实过程，马克思认为理论符合现实是理论的唯一标准。”[①]因此，马克思主义不是“空谈”的虚假理论，而是具有实用价值的实践精神，它特别强调理论与实践的有机结合统一。实践性是马克思主义理论区别于其他理论的重要特征。马克思主义不是一种纯粹解释世界的学说，而是以改造世界为目的的革命理论，是直接服务于人民群众改造世界的实践活动的科学理论。中国共产党正是在马克思主义这个具有实践性科学理论的指导下，不断推进马克思主义中国化时代化，才完成了中国革命、建设和改革的目标和任务。

4. 马克思主义是发展的理论。一种理论行不行，还要看它是否随着社会历史的发展而发展，一个僵化教条的理论无法应对时代发展提出的新问题和人类社会面临的新挑战。马克思主义理论不是教条，而是行动指南，它随着实践的变化而变化、发展而发展。一部马克思主义发展史，就是不断根据时代和实践的发展而创新发展的历史。理论的生命力在于不断创新，推动马克思主义不断发展是中国共产党的神圣职责。正是马克思主义的发展性和开放性，才能使其成为具有强大生命力的理论。推进马克思主义中国化时代化是一个追求真理、揭示真理、笃行真理的过程。中国共产党要用马克思主义观察时代、解读时代、引领时代，用鲜活丰富的当代中国实践来推动马克思主义发展，不断深化对中国共产党执政规律、社会主义建设规律、人类社会发展规律的认识，不断开辟当代中国马克思主义新境界。

相对中国共产党成功的理论指导实效，美国等西方国家政党显得逊色很多。美国等西方国家政党的理论是混乱不堪的“大杂烩”，以强调政党利益为中心，以自由、民主、人权为基点，以西方中心论、文化优势论等为支点，进而形成了五花八门的理论体系，从而出现了

① 《列宁专题文集·论辩证唯物主义和历史唯物主义》，人民出版社2009年版，第184页。

“政出多门”的政治现象。即便属于同一个政党的候选人也会提出不同的政策和主张，何况政党之间的理论主张更是千差万别。总体而言，是以赢得选票为宗旨，而选票背后是“唯利是图”。

事实上，在选举政治的大背景下，美国两党对意识形态有很大的包容性和很强的实用性，民主党内的保守派会加盟共和党，而共和党内的自由派会加盟民主党。亚当斯和汉密尔顿自称辉格党，是今日共和党的前身；杰克逊与杰斐逊被认为是民主党的创始人。在治国理念上，美国民主党更信奉草根主义，而共和党则信奉精英主义。其实，美国两党都对资本主义和自由民主的价值观念深信不疑，当然它们也存在意识形态的“对抗性”，但都是在自由资本主义意识形态框架下的竞争，这种竞争常常表现为具体政策的分歧而非理论上的口诛笔伐。因此，美国民主党的草根阶层与共和党的精英阶层几乎没有区别，两党都致力于维护资本主义制度和资产阶级的既得利益。

在英国政党政治中，任何一个政党，都必须在竞争中求得生存。因此，在普选的基础上，英国政党为了获取选民的支持，各个政党都带有强烈的实用意识，这使得英国政党能够在一定程度上超越本党的意识形态和历史传统，在不放弃本党所代表的主要集团的根本利益的前提下，兼顾其他社会集团或阶层的利益要求。极端政策的适用空间越来越小，往往没有太大的“市场”。在英国政党政治中，只有少数争论的问题是政党偏好或政党倾向，多数属于就事论事。所以，英国议会通过的议案中通常也是“超党派”的居多。

二、发挥理论指导作用

理论是否有价值，关键看能否指导实践。在中国不同的发展阶段，实践一再证明马克思主义管用，马克思主义中国化的理论成果管用。中国共产党用马克思主义及中国化理论成果指导实践，有效解决了实践发展中面临的一系列问题。

中国共产党在建党之初就选择和接受了马克思主义，并用马克思主义的基本立场、观点和方法来认识、分析、解决中国的问题。早在1921年1月，毛泽东给在法国留学的蔡和森信中就曾明确指出："唯物史观是吾党哲学的根据，这是事实，不像唯理观之不能证实而容易被人动摇。"[①]毛泽东在后来撰写的《中国社会各阶级的分析》《湖南农民运动考察报告》等文章中，很好地运用了马克思主义科学理论分析

① 《毛泽东文集》第一卷，人民出版社1993年版，第4页。

研究中国的问题。正是在马克思主义理论的正确指导下，中国共产党很好地回答了什么是中国革命及怎样进行中国革命，什么是革命党及建设一个什么样的革命党等一系列问题，成功实现了国家独立和民族解放，成功建立了中华人民共和国。

正是在马克思主义理论的正确指导下，中华人民共和国成立初期，就完成了对农业、手工业和资本主义工商业的改造，确立了崭新的社会主义政治制度和经济制度，奠定了当代中国一切发展的制度基础。之后又依据马克思主义理论原则，积极探索社会主义革命和建设道路，初步建立了独立的比较完整的工业体系，为社会主义现代化建设奠定了重要物质技术基础，培养了一大批政治经济文化建设等方面的骨干力量，积累了领导社会主义建设的重要经验。

正是依据马克思主义理论中关于社会主义的原则，新时期把党的工作中心转移到经济建设上来、实行改革开放的历史性决策，实现了中华人民共和国成立以来党的历史上具有深远意义的伟大转折，开启了中国改革开放和社会主义现代化建设新时期。正是依据马克思主义理论提出建设有中国特色的社会主义重大命题，阐述社会主义初级阶段理论，建立社会主义市场经济新体制，确立“三步走”发展战略，开创了社会主义现代化建设新局面。

实践证明，马克思主义作为政党的指导思想，使中国共产党具有强大的先进性。指导思想是一个政党的精神旗帜，以什么思想理论作为政党指导思想，直接决定着一个政党的性质、宗旨和使命。马克思主义是中国共产党立党立国的根本指导思想，是中国共产党的灵魂和旗帜。马克思主义是关于无产阶级和人类解放的科学理论，正是这种先进科学的理论，赋予了中国共产党强大的先进性。中国共产党之所以能够完成近代以来各种政治力量不可能完成的艰巨任务，就在于始终坚持以马克思主义这一科学理论作为自己的指导思想并不断推进马克思主义中国化。

马克思主义使中国共产党拥有了科学的世界观和方法论，拥有了认识世界、改造世界的强大思想武器。一个政党拥有什么样的世界观和方法论，决定着这个政党认识世界和改造世界的理论视野和思想方法，决定着这个政党持什么样的立场、观点，决定着这个政党的执政能力和领导水平。中国共产党自创建以来，一直坚持运用马克思主义的世界观和方法论，并制定具体的路线方针政策，其所取得的成功充分彰显了马克思主义的科学伟力。毛泽东早在1938年就指出："如果我们党有一百个至二百个系统地而不是零碎地、实际地而不是空洞地学会了马克思列宁主义的同志，就会大大地提高我们党的战斗力量。"[①]事实上，中国共产党通过坚持不懈的理论学习和教育，全党的整体理论水平有了很大提高，党内成员的理论思维能力得到大大增强，这对增强行为的科学性和有效性大有裨益。

马克思主义为中国共产党提供了强大的精神动力。一个政党是否具有强大的精神动力，是关系一个政党成败的重要因素。中国共产党是用马克思主义武装起来的政党，马克思主义是中国共产党人理想信念的灵魂。马克思主义为人类求解放的崇高精神和实现共产主义的伟大理想，为中国共产党提供了强大的精神动力。百年来，中国共产党正是在这种理想信念的精神支撑下，团结和带领中国人民取得了一次又一次的伟大胜利。

美国等西方国家政党，是"选举政党"，为选举而选举，采取的是实用主义政策，当理念与现实发生冲突时，往往选择的是"现实"。因此，其不可能像中国共产党一样，把政党理论的价值观放在首位。美国政体中最重要的元素是个人主义。曾担任美国民主党全国委员会主席的霍华德·迪恩在接受记者采访时直率指出："美国政党只是政

---

① 《毛泽东选集》第二卷，人民出版社1991年版，第533页。

治家的工具，而不是要政治家去适应的体系。”[①]可见，在美国的政治舞台上，“政治家”的权力通常比政党的价值更重要。

① 赵忆宁：《探访美国政党政治：美国两党精英访谈》，中国人民大学出版社2014年版，第123页。

三、形成系统理论体系

从中国共产党角度看，马克思主义是一个不断发展的理论，其生命力在于不断创新。中国共产党的百年历史，就是不断推进马克思主义中国化的历史，就是不断依据实践发展进行理论创新的历史。因此，坚持理论创新与时俱进，是中国共产党不断取得成功的法宝。

百年来，中国共产党坚持马克思主义与中国国情相结合，坚持“守正”与“创新”相统一，不断开辟马克思主义新境界，形成了毛泽东思想、邓小平理论、“三个代表”重要思想、科学发展观，形成了习近平新时代中国特色社会主义思想，为党和人民事业发展提供了科学理论指导。推进马克思主义中国化时代化，就是要把马克思主义基本原理同中国具体实际相结合、同中华优秀传统文化相结合。

正由于在不同历史时期和发展阶段，中国共产党形成了符合特定时期的思想理论，所以其能够很好应对和回答特定时代面临的问题，使得中国共产党很好地完成了特定历史阶段的目标和任务。

在革命与战争时代，中国共产党实现了马克思主义中国化第一个成果——毛泽东思想。毛泽东思想是被实践证明了的关于中国革命和建设的正确理论原则和经验总结，是中国共产党集体智慧的结晶。正是在毛泽东思想的正确指引下，中国共产党成功领导中国人民，经过长期的反对帝国主义、封建主义、官僚资本主义的革命斗争，取得了新民主主义革命的胜利，建立了人民民主专政的中华人民共和国。中华人民共和国成立以后，正是在毛泽东思想的指引下，成功地进行了社会主义改造，完成了从新民主主义到社会主义的过渡，确立了社会主义制度，发展了社会主义的经济、政治和文化。

20世纪70年代中后期，当进入“和平与发展”为主题的时代，中国共产党坚持马克思列宁主义基本原理同当代中国实践和时代特征相结合，在新的历史条件下继承和发展毛泽东思想，形成并提出了邓小平理论。邓小平理论客观总结了中华人民共和国成立以来正反两方面的经验，为实现全党工作中心向经济建设的转移、实行改革开放、开辟中国特色社会主义事业发展发挥了科学理论指导作用，使得中国共产党逐步形成了建设中国特色社会主义的路线方针政策，阐明了在中国建设社会主义、巩固和发展社会主义的基本问题。

在世纪之交，中国共产党在建设中国特色社会主义的实践中，加深了对什么是社会主义、怎样建设社会主义和建设什么样的党、怎样建设党的认识，积累了治党治国新的宝贵经验，形成了“三个代表”重要思想。“三个代表”重要思想是对马克思列宁主义、毛泽东思想、邓小平理论的继承和发展，遵循了人类历史发展进步的普遍规律，反映了当代世界和中国的发展变化对党和国家工作的新要求，反映了中国人民的利益和愿望，抓住了新形势下提高党的执政能力、巩固党的执政地位、完成党的执政使命的根本，是加强和改进党的建设、推进我国社会主义自我完善和发展的强大理论武器。实践证明，始终做到

“三个代表”，是中国共产党的立党之本、执政之基、力量之源。

跨进新世纪，面临新的发展要求，需要认识和回答新形势下实现什么样的发展、怎样发展等重大问题，中国共产党立足社会主义初级阶段基本国情，总结发展实践，借鉴国外发展经验，适应新的发展要求，及时提出了以人为本、全面协调可持续发展的科学发展观。科学发展观是同马克思列宁主义、毛泽东思想、邓小平理论、“三个代表”重要思想既一脉相承又与时俱进的科学理论，是马克思主义关于发展的世界观和方法论的集中体现，是经济社会发展的重要指导方针，是马克思主义中国化的重大成果。

进入新时代，为顺应时代发展，从理论和实践结合上系统回答新时代坚持和发展什么样的中国特色社会主义、怎样坚持和发展中国特色社会主义等重大时代课题，中国共产党创立了习近平新时代中国特色社会主义思想。习近平新时代中国特色社会主义思想是对马克思列宁主义、毛泽东思想、邓小平理论、“三个代表”重要思想、科学发展观的继承和发展，是马克思主义中国化最新成果，是党和人民实践经验和集体智慧的结晶，是中国特色社会主义理论体系的重要组成部分，是全党全国人民为实现中华民族伟大复兴而奋斗的行动指南。正是在习近平新时代中国特色社会主义思想指导下，中国共产党领导全国各族人民，统揽伟大斗争、伟大工程、伟大事业、伟大梦想，推动中国特色社会主义进入了新时代。

以上可见，中国共产党理论建设的形成和发展过程，其理论一脉相承的线索非常清晰。中国共产党的理论建设基本原理可以追溯到170多年前马克思、恩格斯创建共产主义者同盟时所阐述的基本原理以及后来列宁的思想理论。马克思列宁主义的党建思想，在中国共产党坚持同中国具体实际相结合和同中华优秀传统文化相结合中，得到了进一步丰富和发展，迄今已形成了政治、思想、组织、作风、纪律、制度及反腐败斗争等方面系统完整的党建理论体系。

总之，中国共产党在牢固确立科学理论指导、有效发挥理论指导作用以及形成系统完整的理论体系这三个方面的理论优势，在美国等西方国家政党那里都不具有，无可比拟。美国等西方国家很多政党的主张，其实是一个思想“大杂烩”，政党推出的候选人在竞选时提出的政策主张很难确定由哪一种理论指导，即便同一政党的候选人的表述也大相径庭，甚至“讲的与做的”南辕北辙。

从历史上讲，西方的政治思想理论是非常丰富的，其反映了人类文明的思想成果。古希腊思想的代表人物有苏格拉底、柏拉图、亚里士多德，之后有伊壁鸠鲁学派、犬儒学派、斯多葛学派、波里比阿、西塞罗影响。中世纪主要有阿奎那；到16世纪西欧有马基雅维利、马丁·路德、加尔文、布丹；17世纪欧洲有格劳秀斯、斯宾诺莎、普芬道夫，17世纪英国有霍布斯、洛克；18世纪法国有伏尔泰、孟德斯鸠、卢梭，18世纪美国有潘恩、杰斐逊、汉密尔顿；19世纪的德国和法国有康德、洪堡、黑格尔、贡斯当、托克维尔，19世纪英国有柏克、边沁、密尔；等等，以上代表人物的思想都对西方政党思想产生不同程度的影响。

美国政治制度的理论基础是分权学说和制衡理论。美国的政治体制是三权分立，它的理论起源于启蒙运动时期思想家孟德斯鸠的主张。美国的国家组织是依据三权分立与联邦制度这两大政治思想而制定的，当初在起草宪法时因恐权力过分集中于个人或某一部门将危害人民的自由，因而将立法、司法、行政三种权力分别独立，互相制衡，以避免政府滥权。古典自由主义、凯恩斯主义、新自由主义等思想在美国都有影响。不过，对历史纵向分析，从政党的实际运行观察，美国等西方国家政党不具有中国共产党一脉相承的系统性理论，其政党的思想理论时常表现得“支离破碎”“杂乱无章”。

当然，也要看到，美国民主党与共和党的意识形态实际表现各有所侧重。美国民主党相对强调人民主权，更重视保护人权和少数人的权利，一直强调社会公正。美国共和党历来重视自由资本主义，崇尚个人主义、清教主义，强调法律至上、秩序至上的权威主义。“大多数共和党选民，以及该党几乎所有的积极分子、资金捐助者、候选人和公职人员都认为自己是保守派，并声明支持小政府的抽象价值观和美国文化传统主义。”[①]可见，美国两党的意识形态是客观存在的。但“无论是民主党还是共和党，它们都受形成美利坚民族的习俗、宗教和法律文化的影响，具体而言，就是受清教徒的伦理和自由精神的影响。从美国政党史来看，民主党和共和党的核心政治文化是相同的”[②]。美国两党与现代资本主义相伴而生，都接受资本主义的共同信念，共同维护宪制架构，主张改良而非革命式维持现状，青睐实用主义。

相比中国共产党形成较为系统的理论体系而言，美国等西方国家政党理论则支离破碎，形式和内容“自相矛盾”。如看到了政党在政治生活中的作用：现代政治是政党政治，政党在现当代国家政治生活中扮演着重要作用。但实际上，美国等西方国家政党沦为争权夺利的工具，作为“政治中介”的政党组织在国家治理过程中发挥的作用非常有限。再如，认识到政党是利益的集约和综合，但回避了讨论政党与资产阶级利益的关系：西方政党理论的基本出发点是代表和反映资产阶级利益，是维护资产阶级利益的工具。通过马克思主义政党学说的立场、观点和方法，可以揭示其本质。

当代西方政治是一种以调和妥协为特征的新现实政治，其社会政治背景是政治意识形态和社会政治热点问题多元化以及党派多极化。当然，美西方一些政党理论也体现进步的一面。如欧洲一些左翼政党

---

① 〔美〕迈特·格罗斯曼、戴维·霍普金斯：《美国政党政治》，苏淑民译，当代世界出版社2021年版，第3页。

② 张立平：《美国政党与选举政治》，中国社会科学出版社2002年版，第135页。

的价值观，其中致力于通过民主的方式建立自由、平等和团结的理想社会，强调社会正义感、团结互助精神、民主信念和社会批判能力等，都具有积极意义。

第四章

组织结构优势

政党组织是政党存在的充分必要条件，是政党运行的“载体”，也是区别其他社会组织的重要特征。但政党以怎样的组织“形态”存在，以何种组织“结构”表现，以什么样的组织行为方式展示，中国共产党与美国等西方政党存在很大差别。美国等西方国家政党，总体是松散型结构、分离型结构、平面型结构。中国共产党是核心型结构、紧密型结构、扩展型结构、交叉型结构。

一、成员构成优质

习近平总书记指出："马克思主义政党的力量和作用，既取决于党员数量，更取决于党员质量。"[①]中国共产党的优势来自成员构成。正如用泥巴堆积的土墙与用岩石垒砌的石墙，其硬度不同一样，政党这个"政治集合体"的功能发挥与其以什么样的成员个体构成有着直接关联。

政党是一个由众多有共同信仰的"个体"构成的为共同政治目标而奋斗的"政治集合体"。政党吸收什么样的个体成员，由什么样的个体成员构成，以及用什么样的组成方式和标准吸收个体成员，反映了政党的性质和宗旨，体现出政党的整体特征和基本属性，不仅关乎政党的形象，也影响和决定了政党的功能和作用的发挥。实践表明，

① 中共中央党史和文献研究院编：《习近平关于全面从严治党论述摘编》，中央文献出版社2021年版，第223页。

优质的成员构成是中国共产党具有和展示优势的重要条件。

中国共产党有特定的条件和具体严格的标准。中国共产党是按照马克思列宁主义的建党原则建立起来的工人阶级性质的政党，是按照“先锋队性质”的先进性和纯洁性要求建立起来的有组织性和纪律性、有明确行动纲领和崇高奋斗目标的政治组织。故自建立以来对其成员的吸纳一直坚持严格的标准，直至认为是“优秀、先进、进步、积极的分子”才予以吸收，并且之后又持续对党内成员加强教育和管理，以保持优秀、先进分子的本色。

正因为中国共产党发展党员有严格的标准，所以对发展党员有具体的规定：一是确定了发展党员的工作方针，即“坚持标准、保证质量、改善结构、慎重发展”。二是明确了发展党员必须坚持的标准，《中国共产党章程》具体规定了党员最基本的标准，并明确提出了党员的八项权利和八项义务。三是提出发展党员必须坚持入党自愿的原则，说明入党是建立在自觉自愿的基础之上的。四是发展党员要坚持个别吸收原则，从1945年党的七大以后即有此明确规定：发展党员必须个别履行入党手续才有效，即坚持成熟一个发展一个。五是入党程序有特定的规定，不仅有《中国共产党章程》的要求，而且有《中国共产党发展党员工作细则》具体规定。如加强对入党积极分子的培养和考察工作；坚持党员标准，把住党员队伍的入口关；严格履行入党手续；做好对预备党员的教育、考察和转正工作等。像中国共产党这样发展党员的严格程序和具体步骤，美国等西方国家政党根本做不到，甚至望尘莫及。

以此推理，一个由众多优秀分子组成的政党，这个政党毫无疑问应该是先进的政党，而先进的政党才有资格、有能力掌握一个国家的政权，实现对一个社会的有效领导。因为，一个政党的领导角色，必须在广大民众充分认可的基础上才能被接受，否则政党领导的角色是不稳固的、没有权威的。而民众对政党的认可度，直接与党内成员的行为表现有关。与中国共产党比较来说，美国等西方国家政党的党员标准比较“模糊”，也不具体、固定，其“标准”的弹性、尺度较大。这个特点在20世纪80年代后表现得日益明显。在接受记者采访时，美国前贸易代表卡拉·希尔斯明确讲：“在美国，你属于哪个党，只是个人的决定。”[①]美国前证券交易委员会主席罗德里克·希尔斯更直截了当地说：“而一个人究竟是哪个党的党员，事实上是非常随意的事情。”[②]英国的任何人都可以成为政党的成员，只要他们支付党费，保守党党费是25英镑（约203元人民币），保守党大约有20万成员。相对中国共产党的党员标准而言，美国、英国等西方国家政党吸收党员的标准和要求要“低得多”“少得多”，或者“模糊”和“宽松”得多。

相对美国等西方国家政党的成员，中国共产党的党员具有以下主要特点：

1. **具有较强的党员意识**。与美国等西方国家政党的党员相比，中国共产党的党员意识比较强。主要原因是：一是中国共产党的党员都必须编入一个特定的党组织，绝大多数的党员组织关系比较稳定。二是中国共产党的组织活动比较正常，如“三会一课”，即支部党员大会、支部委员会、党小组会和党课。三是比较重视对党员的教育，经常开展一些教育活动，如“党员义务日”“党员活动周”“党员示范岗”等。四是中国社会政治文化环境的影响。在中国社会中，党员是“先进分子”“优秀分子”，“入党光荣”等思想意识深深扎根于中国社会的土壤中，形成了独特的社会心理和中国政治文化理念。

美国等西方国家政党多数是“选举型政党”，一般在选举活动期间党员才有更多的机会参与党的活动，而在选举之外的大部分时间，对党员虽有一定的戒律约束和规范要求，但大多数的党员处于“休

① 赵忆宁：《探访美国政党政治：美国两党精英访谈》，中国人民大学出版社2014年版，第17页。

② 同上。

眠”状态，其党员平时实则为一名普通的社会公民。因而，美国等西方国家政党的党员的社会“公民角色”要远远大于政党“党员角色”。加之，美国等西方社会的许多国家，社会思想文化多元，政治空气淡薄及其影响范围有限，人们受到的“特定政治内容”熏陶和影响较少，故“政治人”的意识也相对淡薄。如在美国社会中，人们一般并不知道谁是什么政党的党员，普通公民没有明显的加入政党的荣辱意识和强烈欲望。美国政党的党员通常是“自封的”，在选举投票登记时可以说“是”也可以说“不是”，没有外在的义务和约束，政党所谓的党员与选民几乎可以“画等号”。因此，从这个角度讲，美国社会没有中国共产党意义上的党员，只有投票时表达不同倾向的选民，可以说美国政党是“无党员基础”的政党。

2. **组织纪律观念较强**。中国共产党在其历史上一直非常重视组织建设，党员与党的组织联系紧密。这种组织纪律观念突出表现在：在政治思想上与党中央保持高度一致，积极参加党组织的活动，完成党组织交给的工作，自觉维护党的形象和权威，遵守和维护党的纪律。问卷调查显示，有95.4%的党员认为增强党性观念很重要和比较重要，有92.2%的党员认为自己需要增强党性和宗旨观念。当回答“你对履行党员义务的态度”时，选择“积极履行和基本履行”的占86.1%；在回答“对党的组织分配任务的态度”中，表示要积极完成的占79.3%，还有90.5%的党员认为自己在发挥党员作用方面做得是好的和比较好的。①

在西方社会中，对普通的公民而言，是否加入政党，以及加入什么样的政党，完全是公民自己的事，取决于公民个人意愿。公民加入某个政党，通常没有非常严格的组织程序，甚至今天加入某个政党，明天也可以退出某个政党。在美国，民主党和共和党的党员人数难以

① 本章内对中国共产党党员的调查数据均引自郭亚丁：《政党差异性研究》，中国经济出版社2005年版，第80—84页。

统计，因为全国党员的人数时常随着选举的变化而变化。即便在美国的议会中，本党议员不投本党议案票的行为也时常发生。因此，从总体上看，美国等西方国家政党的党员的组织纪律观念通常没有中国共产党的党员强。

3. **对党的忠诚度很高**。在中国共产党内部，党员退党的现象极少。绝大多数党员比较相信党组织所作出的决定，极少产生对党的怀疑。在对3235名党员的调查中，回答“你对贯彻执行党和国家的政策、法规的态度”一项时，选择“积极贯彻”的占53.4%，选择“能够贯彻”的占37.4%，两项合计占90.8%；回答“你对当前各项改革措施的态度”时，选择“拥护”和“基本拥护”的占90%。

美国等西方国家政党与党员的联系不像中国共产党与党员的联系那样紧密。党内成员可以随时放弃对本党的支持，而去选择支持或者加入其他的政党，这“反水”现象在美国等西方社会里司空见惯。曾担任美国共和党华盛顿特区委员会主席的罗恩·菲利普斯很直白地指出：“并不是所有人都是坚定的民主党人士，我的工作就是要争取那些不那么坚定的人转而支持共和党。”[①]曾任美国堪萨斯州凯厄瓦县学区总监的达林·黑德里克在接受采访时也明确说：“我登记的是共和党，但是在过去几次选举中，我投票给民主党人多过共和党人。”[②]因此，美国的一些所谓的“党员”经常在两党之间摇摆而变换身份。民主党人会注册为共和党选民，同样共和党人也会加入民主党为民主党候选人投票。这种“跨党”现象，在美国社会习以为常。

中国人对中国共产党的党员身份看得很重。这是因为，许多党员认为党员的身份是光荣的，是政治使命、政治荣誉。在中国，中国共

---

① 赵忆宁：《探访美国政党政治：美国两党精英访谈》，中国人民大学出版社2014年版，第205页。

② 赵忆宁：《探访美国政党政治：美国两党精英访谈》，中国人民大学出版社2014年版，第259页。

产党的党员身份又与人的政治生命、社会地位、事业发展等密切联系在一起。

4. **有鲜明的党派政治理念**。由于中国共产党非常重视对党员的教育、引导，长期强调用“马克思主义的立场、观点、方法”分析问题、解决问题，强调党员要有坚定的政治立场、明确的政治方向、鲜明的政治观点，因而中国共产党的党内成员的政治观念相对浓厚。多数党员，在大是大非上，在事关政治和大局的问题上，态度比较明朗。党员对社会的分析，习惯于从党的特定理念出发分析和认识问题。中国共产党比较重视政党的理论建设，具有较为完整、系统的理论。中国共产党执政以来，不间断地对党员进行系统的思想理论教育，党员对党的理论和路线方针政策比较熟悉，并以之形成特定思维方式和行为习惯。

在调查中，党员对“你对学习理论和党的政策的态度”的问题回答里，其中：选择“认真的”1099人，占33.2%；选择“能学习的”1353人，占40.8%；选择“听从组织安排的”740人，占22.3%；选择“很少学的”121人，仅占3.7%。西方许多政党，很少有较为完整、系统、独立的理论，党员所接受的理论往往支离破碎、五花八门。尤其是美国等西方国家政党的连续执政时间十分有限，缺乏根本的制度作保证，特别是建党的理念不同，其成员不可能像中国共产党的党员具有系统接受理论教育的条件。因此，美国等西方国家政党党员的党派政治理念没有中国共产党的党员清晰。登记为美国共和党的堪萨斯州凯厄瓦县学区前总监的达林·黑德里克在接受采访时说：“我不在乎候选人来自民主党还是共和党，我在乎的是他的竞选纲领，他是否有能力。”①

总之，中国共产党的党员对党的理论的熟悉程度，可以说远远超

① 赵忆宁：《探访美国政党政治：美国两党精英访谈》，中国人民大学出版社2014年版，第259页。

过美国等西方国家任何政党党员对本党理论熟悉的程度。在现实生活和工作中，许多中国共产党的党员，都能自觉地运用党的理论认识问题、分析问题和解决问题。

5. **对政治问题有浓厚的兴趣**。中国共产党的党员参政议事意识比较强，在行为上表现出较高的政治热情，普遍比较关心党和国家的形势和政策，对社会发展过程中出现的问题也比较关注。党员经常就社会政治、经济、生活中的问题积极发表意见、提出建议。问卷中，有81.9%的党员对党的建设比较关心，有94.6%的党员对“改革、发展和稳定的形势”表示较强的关注意愿。这显然与中国共产党多年来一直强调“讲政治”有关。在美国等西方国家政党中，对政治问题较为关注的主要是政党中的一些骨干分子，其政党中一般的所谓“普通党员”对许多政治问题并不十分感兴趣。

中国共产党的成员构成不仅体现其先进性，而且体现其广泛性。中国共产党党员来自社会各个阶层，是社会各个阶层的“优秀分子”。中国共产党的实践表明，党员的“成分”分布广泛，就能更具有广泛的代表性，这是实现中国共产党全面领导而不可缺少的条件。

绝大多数西方国家政党在吸收党员的标准上并不严格，一般没有非常具体、明确的“入党标准”。西方政党更多的是自由进出的“政治俱乐部式”或“松散的社团组织式”的政党。当然，对个体公民而言，若要求加入某个政党，其表明的某种政治倾向、政治观点是客观存在的，只是其政治倾向、政治观点并不非常鲜明和坚定，常常会因政治气候、社会环境的变化而变化。美国乔治·华盛顿大学政治学教授丹尼斯·约翰逊在回答“你如何成为共和党人或民主党人?”的问题时认为：“这是你的个人选择，你可以自由决定成为哪一党人。在美国我们没有党员的概念，只会称自己是支持某党的人。”[①]

---

① 赵忆宁：《探访美国政党政治：美国两党精英访谈》，中国人民大学出版社2014年版，第36页。

迄今，美国共和党和民主党都没有对党员的标准有明确的具体规定。美国共和党在2000年7月31日经共和党全国代表大会通过的《共和党规则》[①]中明确提出："保证共和党对所有美国人开放、让所有美国人都能参加。"同时强调："我们的党是一个自由的党，一个给予所有人平等机会的党，一个不偏袒任何人的党。"美国民主党在1999年9月25日经民主党全国委员会修订的《美国民主党的党章和规则》[②]，只对全国代表大会、民主党全国委员会、执行委员会、全国委员会主席、党的会议、全国财务组织等民主党的组织和事务性工作作了规定，而没有一条针对民主党的党员的规定。因而可以说，美国民主党和共和党的党章（或规则）内容，是围绕"选举"这个中心、主题而展开的，阐述的内容主要是对选举活动的一些规范和选举工作注意的事项，明确一些选举操作层面的规则，核心内容是选举问题。因此，美国民主党和共和党的党章（或规则）基本上是一个具有选举性质的条例、规则，或是为组织选举而制定的可操作性的文本。

英国保守党，虽然是于1867年在英国地方贵族政治集团的基础上建立的，其前身是英国托利党，但对党员的资格也没有作专门正式的明确规定。迄今保守党没有具体的纲领和章程，党员没有党证，也不交纳党费。英国保守党在1867年成立了类似全国性的政党组织，即"保守党协会和宪政协会全国联合会"，会上通过的会章规定，任何保守党协会或宪政会议，每年交纳1基尼会费者，都可以加入联合会，并有权选派两名代表出席联合会代表大会。此外，还规定，凡每年缴纳1基尼者为联合会名誉会员，每年捐款5基尼者为名誉副会长，一次捐款20基尼者为终身名誉副会长。可见，捐款是主要的，而其他加入条件则是次要的。

英国工党是英国主要的左翼政党，其是根据英国工会和许多社会

① 资料来源：美国共和党全国委员会网站：http://www.rnc.org/gopinfo/rules。
② 资料来源：美国民主党全国委员会网站：http://www.democrast.org/pdf/hq/charter.pdf。

主义组织的倡议，为保证工人代表在议会中的选举而在1900年2月建立的。最初的名称是“劳工代表委员会”，1906年改为现在的名称。但英国工党也没有确定的政治纲领和政治目标，而代表它的是通过的纲领性文件，其内容是在定期的议会选举中获胜的情况下而提出的实行措施。因此，工党在发展党员中，并不固定于特定的群体，其党员由集体会员和个人党员两部分组成。

正因为对党员无特别的条件要求和严格的标准，故美国等西方国家政党的党员，通常没有严格的入党手续，也不需要定期交纳党费和经常参加党的组织活动，党员的加入和退出不像中国共产党一样有非常严格的限制，总体表现比较自由、宽松。故美国等西方国家政党的党员，多数只是口头承认的党员，党员入党并没有严格的入党手续，更没有像中国共产党发展党员的规范程序。

不过，西方政党虽然在条文上没有对党内成员有严格的规定，但在实际操作上也有约定俗成的“界规”。如美国共和党的党员，更多集中于一些大金融家、企业家及一些有名望的投资者等社会上层，其观点更倾向于保守；美国民主党的党员，则是一些手工业者、店员、小商人等社会中下层，其观点更偏向于激进。英国保守党的下院议员，大多数是有相当资产者，如公司的董事、经理和商人。现在，以前一些约定俗成的“界规”“参照”也逐渐变得模糊、不清晰。随着时间的变化和发展，现实中的美国共和党和民主党、英国保守党和工党也逐渐变成“无明显区别的党”，均表现出向“中间”靠拢迹象。

二、组织结构特殊

中国共产党的优势来自组织。中国共产党的组织健全，体系完整，对中国社会的覆盖面较宽，与中国社会政治、经济、文化等组织的交叉融合度较高，形成了独特的具有特殊功能的组织结构形态。

中国共产党是按照马克思列宁主义的建党原则而建立起来的政党。政党的力量来自组织，中国共产党自身具有的特殊组织结构是美国等西方国家政党所没有的，其组织体系、结构形态呈现以下鲜明特点：

1. **自上而下的垂直结构**。中国共产党建立了很完整的垂直型组织结构。从组织结构学角度来看，党的组织也是一个直线型的自上而下的纵向结构形态。

在中国共产党的组织体系里，上级组织具有重大问题的决定权。涉及全党全国性的重大问题决策，只有党中央有权作出决定和解释。

各部门各地方党组织和党员领导干部可以向党中央提出建议，但不得擅自作出决定和对外发表主张。党的下级组织必须坚决执行上级组织的决定。对此，《中国共产党章程》的第十六条作了非常明确的规定。可见，党的组织结构特征总体呈现自上而下的运行状态。

垂直型组织结构，上级组织对下级组织的支配力、制约力、影响力较大，执行自上而下贯彻落实，强调由下而上逐级对上负责，强调自上而下逐级对下负责。这种组织结构有利于体现上级组织的意愿、意志、意图，实现政党组织的认识统一和行动一致。

垂直型组织结构也类似直线制组织结构，是一种集权式的组织结构形式，其特点是：组织中各种职位是按垂直系统直线排列的，各级党委、行政领导人执行统一指挥和管理职能，机构设置简单、权责分明、信息沟通方便，便于统一指挥、集中管理。与美国等西方国家政党相比，为什么中国共产党的执行力整体比较强，这显然与其垂直型组织结构形态直接相关。

美国政党虽然也有“组织层级”的划分，但从中央到地方或从上到下不存在垂直领导，即便是全国性的政党组织也不是统一的组织，彼此相对独立、互不隶属。如美国民主党和共和党两党的中央组织——全国委员会更像“协助”地方工作的组织。美国政党的全国委员会为了帮助地方组织的运转，会根据选情给予地方一些资金支持。如果面临比较大的选举，全国委员会也会派出工作人员前往地方组织帮助当地的选战。但是，美国政党全国委员会通常并不对地方组织（州、县）进行控制和影响，没有自上而下的统一“人事安排”。因此，美国政党的上下级组织之间关联度并不紧密。

英国政党组织，除了在议会中有“党团”政党组织外，在议会外还设有“政党总部”。从表面上看，代表全国委员会的“政党总部”理应是领导机构，但其实不然。起主要作用的是组成议会与内阁的政党成员。英国保守党和工党在议会外都设有“政党总部”，在议会内都组成有“议会党团”，但两者之间并不存在明确的上下级关系，似乎传递给外界的印象是：虽然同属一个政党，但好像是存在“两个政党”“互不隶属”现象。

2. **分层的一体结构**。中国共产党的组织分中央组织、地方组织、基层组织三个大的组织层级结构，它们之间的关系是十分清晰的上下级关系，这构成了中国共产党的党组织基本框架结构。党的组织也是一个纵向结构形式，自上而下还设有党委、党总支、党支部、党小组。每一个层级组织都有相应的组织职能，因此，党组织也是一个职能式的结构组合形式。

在中国，党组织的分层与社会分层存在对应关系，这有利于对社会的整体覆盖、统合。目前国家的五级行政机关都建立相应的党的委员会组织，即中央委员会、省委、市委、县（区）委、镇（乡）委等。而且这种分层结构一直延伸到农村行政村、城市社区居委会以及企业经济组织、社团社会组织等社会最基层中。这样的结构，把全社会都整体覆盖，无一“空缺”和“遗漏”。这种分层结构有利于对社会产生整体影响，既能够有效传递信息、释放能量，又有利于全面、及时收集信息和全方位有效地实现社会整合，这从一个侧面体现了中国共产党组织结构方面的自身优势。

美国的“层级”是另外一种类型。如美国官员选任是一种自主模式。美国的州都有相对的高度自治权。在美国，联邦宪法对所有州以及联邦政府都有效，但不同级别的政府可以制定各自的法律。如加州，州宪法规定了州长任职两届、每届四年的限制。这个限制不仅适用于州长，还适用于其他官员，如副州长、审计主任、财政部长、首席检察官等。在大多数州，官员是通过选举产生的，而有的州的官员是由州长任命的，如新泽西州、新罕布什尔州。正由于美国各级用人都是“各自为政”，在政府官员的人力资源方面很难实现全国性统一配置，而且不同的州由不同的政党“掌控”，因而根本形成不了全国

“一体”。

3. **上下组织关系结构紧密**。不像“松散型”的美国等西方国家政党组织，中国共产党组织结构比较紧密。其表现在以下几个方面：

一是强调上级组织加强对下级组织工作的具体指导，重视上级组织对下级组织情况的了解和掌握；有关重要事项下级组织要及时向上级组织请示、汇报，如2019年中共中央印发了《中国共产党重大事项请示报告条例》。上级党组织特别是其主要负责人，平时应当对下级党组织主要负责人多过问、多提醒，发现问题及时纠正。二是上级组织拥有重大事情的决策权。涉及全党全国性的重大方针政策制定和决策问题，只有党中央有权作出决定和解释。下级组织要根据上级组织的决策行事，下级组织有不同意见在执行的前提下可以保留。三是拥有重要人事的最后提名权和建立组织的决定权。四是下级组织必须严格执行上级组织的决定。全党必须自觉服从党中央领导，把“讲政治”放在首位，各级党组织都要不折不扣执行党中央决策部署，这体现了上级组织对下级组织具有较强的支配力。五是上下级组织干部任职实行调换交流。在党的地方各级代表大会和基层代表大会闭会期间，上级党的组织认为有必要时，可以调动或者指派下级党组织的负责人。可见，上级党组织有权在届中调换干部，也说明中国共产党的上下级组织之间关联度非常紧密。

中国共产党重视发挥组织的整体作用，假若党的组织上下级联系不紧密，就不可能发挥党的组织作用。习近平总书记曾强调指出：“党的基层组织是党的肌体的‘神经末梢’，要发挥好战斗堡垒作用。”[①]中国共产党的基层组织是发挥“战斗堡垒”作用的政治组织，假若党组织内部联系不紧密，就不能发挥基层党组织的作用。中国社会治理过程中的成效，已经验证了基层党组织在社会治理中所发挥的

① 中共中央党史和文献研究院编：《习近平关于全面从严治党论述摘编》，中央文献出版社2021年版，第236页。

积极作用。如在对地震、水灾、瘟疫、火灾等较严重的自然灾害的救援过程中，中国共产党的基层党组织就发挥着重要的作用。

美国政党组织分三层：联邦层次（全国性政党）、州层次（州政党）和地方层次（地方政党）。美国政党的全国党组织与州党组织没有多少联系，各自的独立性较强。美国50个州，都有民主党和共和党，由于美国政治的分权、分散、自治特点，每一个政党都有独立空间，给人“美国有100个政党”的感觉。美国共和党和民主党的全国委员会的主席，通常由确定的总统候选人来提名，主要负责选举相关的事务，党主席的角色有点近似于“新闻发言人”。美国科尔比学院教授桑迪·梅塞尔认为：“每个政党的全国委员会成员由各州政党组织选出。虽然委员会在形式上掌握着政党的权力，但实际上很多时候主席只是出现在公共场合，大多数事务都由工作人员来完成。”①

美国政党总部规模庞大，办公地点通常设在国会大厦，全国委员会的人员在那里工作，内容包括募集资金、制定策略、发明战术、开展调查、提供资金、帮助政党和候选人为每一轮竞选活动做好准备。全国委员会工作人员最重要的一项职责是监督全国范围内的竞选活动，负责观察哪些活动有可能胜利，哪些可能会失败，哪些竞选竞争激烈，哪些候选人需要资金支持等，以采取相应的对策。当美国总统还是候选人的时候，政党的全国委员会会尽力帮助候选人成为总统。而当候选人成为总统之后，党的主席要听从总统的指令。由此可见，美国政党的全国委员会即所谓的“中央机构”近乎一个临时性的“选举机构”，无法体现也不具有“自上而下”的领导职能。

4. **内聚型的核心结构**。中国共产党的结构形态呈现向内型，有清晰具体指向，是比较稳定的结构，有利于避免组织内部的“离心行为”和“散乱现象”。从物理学角度看，核心型结构是环绕型、向内

---

① 〔美〕L.桑迪·梅塞尔：《美国政党与选举》，陆赟译，译林出版社2017年版，第61页。

型结构，以便于力量的聚合。这种核心型结构通过党的组织行为而具体表现出来。

"核心建构"是马克思主义政党的价值取向和价值标准。1850年3月，马克思和恩格斯在《共产主义者同盟中央委员会告同盟书》中谈到无产阶级政党组织的作用时就明确指出："应该使自己的每一个支部都成为工人协会的中心和核心。"①在他们看来，只有这样才能发挥无产阶级政党的领导作用。

无产阶级政党在事业发展中要成为"核心"，组织内部同样也要形成"核心"。中国共产党是"超大型"政党，在中国共产党的组织体系里，各级党委处于核心位置。中央政治局和它的常务委员会是全党的"核心"，省委常务委员会是一个省党组织的"核心"，市委常务委员会、县委常务委员会分别是市、县党组织的"核心"。党组织是围绕"核心"确定的中心任务而展开工作的。党的组织要体现"核心"的意图，全党最根本的是体现党中央的"核心"精神。

中国共产党强调的是党的组织和党的领袖，而美国政党主要是强调总统。美国新总统上任后会任命大约5000名高级官员，这些官员通常是那些在竞选过程中提供许多帮助的人，包括任命驻外大使或者类似的工作。与总统关系密切的人担任关键职位。总统在任时，全国委员会"围绕总统"转，而当总统下台后，其对政党的影响就大大削弱。因此，美国政党不存在"核心"，政党内通常是多元状态，呈现分散特征。

美国政党是"无中央领导"的政党。通常政党领袖寻求下级的支持是通过劝说、协商、交换等方式；任何一个政党组织都可以各行其是，政党组织只为所在层级的选举服务，政党组织的决定无须上报"中央机关"或全国性政党组织；不同层级、不同地域的同一政党的

---

① 《马克思恩格斯文集》第二卷，人民出版社2009年版，第193页。

精神气质各有不同；总统虽然是政党领袖，但国会中的政党领袖及州的政党领袖思想和行为并不总是与之保持一致。

英国是议会制国家，通过选举成为执政党的领袖一般会被推举为政府首脑，同时拥有组阁权。英国执政党的政治领袖（党首）在党组织中通常没有正式党务职务，党组织的最高负责人由他人担任，处理党内日常事务。英国保守党主席与同一政党担任首相的人在政党内的影响都非常有限，根本形成不了“党的核心”。

5. **呈现整体型结构**。世界上的一切事物、一切过程都可以分解为若干部分，整体是由它的各个部分构成的，部分是整体的一个环节，没有整体就无所谓部分。部分是整体中的部分，只有相对于它构成的整体而言，才是一个确定的部分，任何部分若离开了整体，它就失去了原来的意义。中国共产党这个整体就包括具有部分意义的各级党组织，也包括具有部分性质的党员个体。没有党的各级组织、党员个体这些部分存在，也就没有真正意义上的整体存在。

中国共产党的各级组织和党员是以党的整体存在而存在的，有党的大局意识，自觉维护党的形象和权威。党的组织是一个整体，这个整体就包括中央组织、地方组织和基层组织三大部分、三个层级；这个整体就包括全部党员个体。每一个部分、每一个层级都有它的职能定位，若缺少任何一个部分和层级，党就不是原来意义上的整体。党员是构成党整体的部分，缺少党员部分的党也不成其为党。所以，从党的建设角度看，需要整体设计、整体谋划、整体实施、整体推进、整体评价。列宁指出：“党应当是组织的总和（并且不是什么简单的算术式的总和，而是一个整体）。”[①]正由于党的上下级组织联系比较紧密，又有不同的分工，并强调统一行动，党的整体性结构特征表现得比较突出。

---

① 《列宁选集》第一卷，人民出版社1995年版，第471页。

中国共产党的组织不是简单的“党员相加”，而是按照民主集中制的原则建立起来的统一的组织整体，是内部有机紧密联系的具有较强战斗力的组织整体。如党的中央组织离不开党的基层组织，否则，党就没有组织根基，党的重大决策无法得到有效的贯彻和执行。“基础不牢，地动山摇”，这说明基层党组织极端重要；反之，党的基层组织更离不开党的中央组织，否则，基层党组织就失去方向和目标；党的地方组织连接着党的中央组织和党的基层组织，没有党的地方组织，上下级组织无法实现有效的联结和沟通，“中梁不正垮下来”说明处于“中间部分”位置的组织设置的重要性。可见，党的中央组织、地方组织、基层组织是不可分割的有机联系的统一整体。

美国等西方国家政党总体上组织的整体性力量较弱，甚至表现出“单独分散”状态，时常呈现“碎片化政治”，这是美国等西方国家政党缺乏政党组织整体力量的重要原因。美国民主党全国委员会有440名成员，其中包括1名主席和5名副主席，每个地区的司法部门由该地区主席和异性成员中职位最高者作为代表，其中200名成员名额按比例分配到各州。从国家到地方再到团体机构，当选的各级民主党官员由27名成员作为代表，全国委员会主席最多可以任命50名成员。美国共和党全国委员会的组成还要简单得多，除主席外，每个州或地区派出一名男性代表和一名女性代表，其主要官员包括主席、由异性成员出任的联合主席、根据区域范围选出的4名男性副主席和4名女性副主席。从表面上看，虽然美国政党也有完整的政党组织存在，但美国公民一般并不知道政党的全国委员会主席是谁，更不知道他们在做些什么。

6. **向外扩展型结构**。中国共产党的组织具有很强的辐射性。这是因为：一是层级扩展。党的组织从国家的上层机构，扩展到社会最基层组织。党的组织不仅建立在国家最上层的公共权力机构中，如全国人大常委会、国务院、全国政协、最高人民法院、最高人民检察院及中央军委等建立党的组织，同时在社会最基层的组织中，如社区、乡村、企业、学校、医院等建立党的基层组织；二是领域扩展。党的组织不仅在政治组织中建立，而且扩展到经济组织、文化组织以及社会组织中，这就把党的组织延伸到政治、经济、文化以及社会等各个领域中；三是行业扩展。由于党的组织建立在企业、学校、医院、银行等特定的组织之中，就覆盖科技、商业、交通、教育、医疗、金融等行业；四是主体扩展。从党的主体内部扩展到党的主体外部，不仅在党的内部建立完整的党的组织，在一定历史时期或特定条件下通过“双重党籍”人士产生外部影响；五是区域扩展。从大城市扩展到小城镇，从城市扩展到偏远的乡村，从内地扩展到边疆，从发达地区扩展到欠发达地区，党的基层组织覆盖了全社会，没有被“遗忘的角落”。

中国共产党的组织总体呈现“横向到边，纵向到底”状态。这种结构对扩大政党对社会影响具有特殊作用。这种扩展型结构，可以加速政治信息的传递和政治能量的释放和扩展，也有利于实现政党对社会的有效整合。相较于美国等西方国家政党，中国共产党的社会动员力、组织力、执行力等能力为什么比较强，一个很重要的原因是中国共产党具有特殊的组织结构。

美国等西方国家普遍实行多党制，任何一个政党都实现不了对社会的“全覆盖”，一个政党通常仅在局部或某些领域产生影响。如法国实行的是“半总统制”，总统是由全民直选产生，而总理则是在议会多数党中产生，这样就会出现国家总统与政府总理分属不同的政党。因此，历史上的法国政权曾多次出现“左右分治”现象。由于美国等西方国家政务官和事务官“分设”，两类公职人员不能交替任职，其职能不能代替履行，其产生方式、任用条件、管理形式、职责范围、职务履行等方面不同，因此，任何一个政党对西方社会的影响都十分有限。

7. **纵横交叉结构**。从组织的设置看，中国共产党既有自上而下的纵向组织体系，也有从内到外的同一层级的横向组织体系，是一个纵横交叉结构。

中国共产党的组织结构的外在形态和内在属性，是历史与现实相互作用的结果，是理论与实践有机统一的要求。因此，党的组织结构不是凭空形成的，也不是主观意愿，而是客观发展而来。中国共产党的性质和在中国社会中的地位和作用，不是孤立存在的，而是与中国特色社会主义事业有着直接关联。要成为中国人民利益的忠实代表者，要成为中国特色社会主义事业的坚强领导核心，要实现建设现代化强国的宏伟目标，党的组织必须要有相应的适合中国治理的组织结构。纵横交叉结构是为了适应党的政治任务需要而构建，遵循了党的民主集中制原则，并与行政区划相对应，便于各级党组织工作的开展，体现了党组织在中国社会中的重要价值和基本功能。

在美国，即便是全国性的政党之间也没有组织联系。如美国政党的全国委员会与国会山委员会，虽然同属一个政党，但彼此独立、平起平坐，谁也不能控制谁。而州一级政党组织通常则由州中央委员会指导，日常生活由一个志愿者主席和执行主席及其职员来执行。州委员会是全国委员会的缩影，一年通常开两次会，主要是为了满足州选举的需要。美国政党组织无论是纵向的还是横向的都没有隶属关系或领导与被领导的关系，每一级的政党组织都相对独立，各有其自治权。虽然为了选举也有互相之间的协调，但这种协调没有强制性和约束性。

三、组织功能优势

正因为中国共产党的成员构成优质、组织结构优化，组织功能表现优异，其在中国社会中的功能作用表现具有特殊性。这种特殊的功能作用表现就形成了区别于美国等西方国家政党的十大独特优势。

1. **发展导向**。近现代中国社会的各种矛盾、斗争，一切的社会冲突与社会危机即中国革命之所以产生、发展的根源，都是围绕着对中国现代化究竟采取什么样的态度，究竟选择何种现代化的发展道路的模式而产生、发展起来的。中国现代化进程中所有重大事件，其实质都是围绕中国社会发展走向而进行的。

中国共产党是中国近代历史上首先出现的一个具有鲜明现代化发展导向的“新型政党”。中国共产党执掌国家政权后，建立了一个统一、高效、强力的政权组织，保障了中国有一个全新的发展范式和方向。现代化作为一种深刻的社会变迁，其整个发展过程，无非包含着社会革命和渐变这两种变迁类型。在一定时期内，现代化需要在稳定有序的情况下实现其目标。但迄今为止，没有一个国家的现代化是一种直线型的发展走势，所有已经或正在实现现代化的国家都不同程度地经历了社会渐变与突变两种形态。这两种形态都直接或间接与社会导向有关。多年来研究中国问题的专家，曾任新加坡国立大学教授郑永年认为："中国各方面的发展实际上会在国家主导下进行。"[①]事实上，中国共产党在执政后的70多年时间里，所发挥的正确导向作用对中国社会发展确确实实起到了关键性影响。

曾在世界银行工作过，现在美国约翰·霍普金斯大学高级国际研究学院任教的阿兰·皮萨认为："在决定各项事务的优先次序以及做出决策等方面，近年来中国显示了自己强大的实力。"[②]这是因为中国共产党领导权体现得比较充分，而美国政党本身的权力很小，几乎微乎其微，政党权力主要体现在参众两院不同党派身份的立法者身上。因此，从国家发展的宏观层面上看，美国政党很难做到对国家的发展导向持续发挥影响作用。

2. **组织社会**。从一定意义上讲，现代化的过程就是组织、动员社会各方力量和诸要素共同参与、融合、释放的过程。尤其对生产力比较落后，社会秩序尚不规则和缺乏规范，众多社会要素处于低层次的国家而言，有效的组织社会力量是现代化建设的关键。现代化问题是世界各国发展的中心议题。虽然世界各国在实现现代化的过程中所走的道路不同，但都有一个共性：通过一定方法和手段有效组织现代化的建设。对中国来说，有效的组织力量是现代化建设不可缺少的极端重要条件。中国是一个发展中国家，社会要素还不够成熟，社会诸多关系不够协调，社会运行缺乏良性机制，社会群体的散状性极为明

① 郑永年：《中国模式：经验与困局》，浙江人民出版社2010年版，第52页。

② 赵忆宁：《探访美国政党政治：美国两党精英访谈》，中国人民大学出版社2014年版，第5页。

显，区域、民族、集团、阶层等方面的内外矛盾较多且广。因此，中国客观上需要一个强有力的组织力量来推动和促进现代化的进程。

在中国这样一个超大型的社会里，要把社会分散的力量调动起来，要把有利于社会发展的各种条件利用起来，要把社会发展需要的诸要素综合起来，要把方方面面的积极性、主动性、创造性调动和发挥起来，必须有一个具有强大组织力的“力量”存在。毫无疑问，在当代中国社会，能够发挥组织作用的“核心力量”就是中国共产党，而且中国共产党具有唯一不可替代性。因此，中国式现代化是中国共产党领导的社会主义现代化，既有世界各国现代化的共同特征，更有基于中国国情的本国特色。

中国共产党之所以具有较强的组织功能和作用，在很大程度上是因为建立了严密、完整、系统的组织体系，拥有较强执行力的组织力量，并且有较强的社会动员力和号召力。当代中国现代化的快速发展和进步，与中国共产党各级党组织的功能作用发挥密切相关。而美国等西方国家政党在社会中的“定位”主要是“政治中介”，政党在国家发展中的作用重点是组织和参加政治选举。所以，美国等西方国家任何政党组织对社会的影响都存在诸多局限性。

中国共产党的组织体系锻造了一支素质和能力较优的治国理政的骨干队伍。特别值得一提的是，中国共产党的干部特别是中央层级的高级干部，绝大多数都经过省、市、县等不同行政层级的多年历练，积累了丰富的治国理政经验。而美国等西方国家政党的政要人物，许多并没有从事行政的职业经历。如美国的特朗普主要是一个房地产商人，通过美国的所谓“民主选举”担任了美国总统，来履行管理美国国家和社会的职责。管理国家也是一门“专业”，从来没有治国理政经验的政客不可能有很高的治理水平。因此，可想而知，按照美国政要“产生方式”生产出来的政客，其社会治理能力和水平是非常有限的。

3. **稳定社会**。对于以国家为主导的现代化发展来说，形成强大的政党领导，是现代化取得最终成功的关键。因为，强大的政党能够创造和保证现代化发展所需要的社会安定的政治局面。美国著名政治学者亨廷顿认为："一个现代化中政治体系的安定，取决于其政党的力量。"[①]毫无疑问，中国社会的稳定与中国共产党强大的自身力量及有效领导力分不开。事实上，中国共产党已经成为中国社会保持稳定的"定海神针"，是中国社会实现稳定的"平衡器"。

人类社会历史发展表明，现代化涉及社会各个领域和层面的社会发展过程。在这个过程中，有主要、非主要的条件和因素在起作用。在中国，中国共产党的"领导核心"是关键因素，这个因素关系到中国社会的稳定。稳定与发展是任何社会的两项基本价值追求，是社会运动的两种基本形态。一个社会缺乏稳定，就谈不上发展；而没有发展，稳定也同样保持不了，中国近现代社会历史的发展实践已充分证明了这一点。对中国而言，稳定是实现现代化的首要条件。由于中国社会牢固确立了中国共产党的"领导核心"地位，成功构建了适合中国国情的政治、经济、文化、社会等制度体系，创造了特有的中国式的政治稳定结构模式，因而，为国家现代化发展提供了重要前提和条件。所以，坚持和加强党的全面领导，是实现中国式现代化必须牢牢把握的重大原则。

中国经济社会的全面发展是以中国社会的相对稳定为前提的。而中国社会的稳定又取决于稳定的政治结构。70多年的中国社会发展表明，政治稳定首先要求建立具有较强凝聚力的政治结构。因为各政治主体，受不同因素的影响，在政治体系中的定位并不具有"天然"固定性。当代中国政治体系关键是要建立涵盖多元政治主体的政治结构，使各种政治主体能够在统一的结构体系中沿着合法、有序的"轨

---

① 〔美〕塞缪尔·亨廷顿：《变革社会中的政治秩序》，李盛平、杨玉生等译，华夏出版社1988年版，第396页。

道”发挥其作用。如中国之所以能保持稳定的政治体系，就是较好地建立了中国共产党领导的多党合作和政治协商这种稳定有效的包容机制，形成中国特色的政治融合关系，使多种政治主体都能在具有统摄性的政治结构中找到自己的准确定位。因此，上下贯通、横向互联的稳定机制，给中国政治稳定奠定了强国的政党制度保证，为中国社会提供了必不可少的发展前提和重要条件。由此可见，中国共产党的稳定功能不可或缺。

与中国情况恰恰相反，美国等西方国家政党则是“多元”“对立”的存在，各有各的政党利益并想方设法维护自身利益。正是政党利益的矛盾冲突引发了一系列社会矛盾。2021年1月6日，美国一群示威者暴力冲进美国国会大厦，迫使国会议程中断几个小时；不少议员和工作人员的人身安全受到威胁，不得不在国会大厦内找地方躲藏起来，众议院议长佩洛西的座椅也被示威者搬离办公室。美国发生的这场骚乱的背后，从深层次来说，带有政党冲突的影子。法国“法兰西第四共和国”在12年时间里，内阁更换了22届，每届寿命不足半年。2023年下半年短短两个月，英国唐宁街10号已两次易主，见证了三任首相。总之，美国等西方国家这种走马灯式政治现象的屡次发生，究其背后深层原因，毫无疑问根源在于政党冲突。

4. **行为示范**。示范功能是中国共产党的内在本质属性规定，也是其区别于美国等西方国家政党的一个显著性标志。所谓示范即为一种表率，是通过内在先进素质的外化体现和充分展示，以其自身的主体行为表现，树立一种榜样，倡导一种精神，形成一种风气，以期达到对人和社会产生健康影响、积极引导的作用。

目标导向理论认为，要达到任何一个目标，而进入目标行动，都必须通过目标导向行动。所以，在人类建立文明社会的过程中，通过重视人的行为影响而达到一定的目标是必要和可行的。通过人的行为而产生示范作用，实质上也是一个社会化问题，社会化就是人的社会行为逐渐模塑的过程。通过这一过程，人们形成了为其生存环境所认可的社会行为模式，对生存于其间的社会环境中产生的影响能够给予积极的能动反应。

建党百年来，中国共产党一直十分重视党的基层组织、党员模范带头作用的发挥。善于发挥基层党组织和党员的作用，是中国共产党的优良传统，也是一条重要经验。因此，中国共产党始终把基层党组织作为"战斗堡垒"持续建设，把党员作为"优秀分子"充分发挥作用。正因为党员人数众多，党的基层组织分布广泛，有利于扩大党对社会的影响力。这个影响力，首先源自党员及党的组织行为的示范作用。中国共产党的组织和党员的示范功能是客观存在的，而且发挥着有效作用。如在面临危险时刻、在战胜困难关口、在完成险峻任务等场合，中国社会总会显现党员的身影和党组织的力量，这已经被无数事实所验证。

中国共产党是由先进分子组成的，其成员构成优质。"治国之道，务在举贤"，在中国，进入中国共产党组织的"门槛"很高，有很严格的标准和程序。中国共产党的党员要经过很多环节的多次考验，是中国社会各阶层中的"优秀分子"。党员来自社会各个阶层，同时也存在于社会各个阶层之中，这有利于党员发挥作用。不像美国等西方国家政党，是"低门槛"或"无门槛"的，政党可以在街头路边随意"招募"，或在某次政治集会中临时登记，或是通过电脑网络随便报名征集等。因此，正因为美国等西方国家政党的党员没有明确而具体的标准，就不可能像中国共产党的党员一样在社会中发挥先锋模范作用。

5. **利益表达**。政党是阶级利益冲突发展到近代的产物，政党的利益表达反映了政党的政治属性。每一个政党都是特定的阶级、阶层、群体、集团利益的代表，它的存在和发展必须得到某些阶级的支持，而获得支持的前提条件是该政党必须反映他们的利益诉求。利益表达可以通过很多渠道来实现，利益表达也是将不同阶级、阶层或集团的利益、愿望和要求反映出来的过程。因此，利益表达被认为是现代政党的重要功能。

毫无疑问，中国共产党具有明显的利益表达功能。代表最广大人民群众的根本利益，是中国共产党的利益表达功能的最直接、最具体、最集中的表述。中国共产党具有人民利益表达功能，这是由中国共产党的内在本质属性所决定的。首先，中国共产党的世界观决定了党必须表达人民的利益。中国共产党是以马克思主义为指导的党，历史唯物主义和辩证唯物主义是党的世界观和方法论。历史唯物主义原理告诉我们，人民是历史实践的主体，是社会物质财富和精神财富的创造者。人民是社会变革的决定性力量，历史最终是由人民所创造，决定历史走向的是人民。人民利益代表社会发展的方向。因此，能否表达人民的利益，是衡量一个政党进步与落后的社会价值标准。其次，中国共产党的性质和根本宗旨决定了党必须表达人民的利益。中国共产党是中国工人阶级先锋队，同时也是中国人民和中华民族的先锋队，全心全意为人民服务是党的根本宗旨，党的性质和宗旨决定了党是人民利益的忠实代表者。所以，表达人民的利益是党的性质和宗旨的题中之义和内在必然要求。再者，中国共产党要巩固执政地位，就必须做到充分表达人民的利益。党所取得的成功都是在充分表达人民利益的过程中实现的。对党来说，能否始终代表最广大人民的根本利益，不仅关系着党能否发展壮大，而且关系着党的生死存亡；不仅关系着建设中国特色社会主义事业的兴衰成败，而且关系着国家能否长治久安和实现中国式现代化。

当然，党的利益表达功能有其内在要求。这个内在要求体现在以下几个方面：是代表绝大多数人的利益表达，是为了实现人民利益的表达，是自觉自愿的利益表达，是长期性的利益表达。党表达和维护人民的利益，主要是通过科学的思想理论，正确的路线方针政策和纲领，健全的制度和体制以及务实为民的作风行动等进行富有成效的表达。改革开放40多年来，中国有8亿多人脱贫，到2020年实现了全面建成小康社会目标，这是中国共产党利益表达在现阶段的具体体现。中国共产党明确提出中国式现代化是全体人民共同富裕的现代化，坚持把实现人民对美好生活的向往作为现代化建设的出发点和落脚点，这反映了中国特色社会主义的本质要求。

在美国，金钱严重妨碍了民众意愿的充分而真实的表达。美国科尔比学院政治学讲座教授梅塞尔认为："虽然民众享有平等参选的权利，但金钱起到非常重要的作用，决定着谁将赢得选举以及谁将对获胜者产生影响。"[①] "在代表制民主体系中，我们不得不感到担忧，政策是否更多反映出选民的意愿，而不是那些没有参加投票的民众。享有特权的人群投票率更高，这就是问题所在。"[②]曾担任美国明尼苏达州民主农民劳动党对外联络主席的埃里克·玛格利斯直率地说："不论支持的是哪个党派，98%的美国民众希望枪支管制。但是在国会的共和党却迟迟不同意枪支管制。为什么呢？因为资助他们选举的人是负责枪支生产的美国步枪协会（National Rifle Association）。这些人花了数百万美元支持共和党竞选，如果共和党支持枪支管制，那么就没有人资助他们的换届选举了，而步枪协会也可能找到另外一批国会议员将这些支持枪支管制的议员取而代之。这就是美国政治存在的问题：有钱就能买到国会选票……"[③]香港《南华早报》在2024年1月6日刊登的《全球和平的最大威胁——军工复合体——能否在2024年得到遏制?》文章中说："2020年，美国五大国防承包商在游说政府方面的开支高达6000万美元；五角大楼每年有近一半预算流向私人承包

① 〔美〕L.桑迪·梅塞尔：《美国政党与选举》，陆赟译，译林出版社2017年版，第148页。
② 〔美〕L.桑迪·梅塞尔：《美国政党与选举》，陆赟译，译林出版社2017年版，第136页。
③ 赵忆宁：《探访美国政党政治：美国两党精英访谈》，中国人民大学出版社2014年版，第236页。

商；政客、科技和金融行业的利益也与MIC绑定在一起。”[①]事实上，美国一些政客以维护世界安全为借口，将许多地区发生的冲突当作生意为“利益集团”大赚特赚。由此可见，为特殊“利益集团”服务的美国政党不可能真心实意表达美国人民利益。

6. **政治整合**。政治整合又称“政治一体化”，是指政党把自身以及有共同利益和共同目标的各种社会力量团结和组织起来，形成稳定协调的相互关系，以实现政党的政治目标的职能和机制。政治整合是一个过程，是指两个或两个以上的政治主体增进相互间合作关系的过程。政治整合是政党的基本职能之一。政治整合能力和整合程度，决定和影响一个政党力量的强弱。

对中国共产党来说，能否成功地整合自身，整合党所领导的和能够团结、争取的一切社会力量，对于巩固党的领导地位和执政基础至关重要。从哲学上讲，整合要研究和解决的是在矛盾统一体的内部，对立怎样能够实现统一，又怎样成为统一。政治整合，在于找到共同利益，在于认同或是接近某种价值观念，在于协调关系，缓解矛盾，消除隔阂，以期达到一定程度上的统一。社会发展不同阶段，政治整合的内容和形式不同。党的十一届三中全会之后，在政治、思想、组织、制度等方面采取了一系列行之有效的措施，政治整合的效应极为明显，成功保持了党和全国人民的团结统一，保持了社会稳定有序发展。历史经验和教训证明，能否解决好中国共产党的自身和社会的整合问题，关系到社会一切力量的调动和发挥，关系到社会一切条件的利用和综合，关系到社会的稳定发展，更直接关系到中国共产党领导事业发展的成效。

新的历史条件下，必须重视发挥党的整合作用。一是在政治上，制定和实施体现全党意志、人民利益的纲领和路线方针政策。实践证

① 〔马〕钱德兰·奈尔：《军工复合体成全球和平最大威胁》，华泽勋译，《环球时报》2024年1月11日，第13版。

明，党的路线方针政策是党成功整合自身和整合社会的政治基础。二是在思想上，要解决以什么思想进行整合的问题。过去党曾以马克思主义真理的力量吸引和说服社会民众，实现了成功的思想整合，今天必须探索和回答实践发展提出的前沿性问题，用丰富、发展、创新的马克思主义中国化新成果来实现新的整合。三是在组织上，保持组织成分的先进性和纯洁性，适应社会结构和运行机制的变化。党组织的先进性和纯洁性是党整合自身和社会的充分而必要的前提条件。党不能成为政治主张各异的大杂烩，不能成为随意进出的"政治俱乐部"。四是在制度上，必须坚持、完善和发展民主集中制。在党的历史上，民主集中制体现了科学、合理、有效的整合作用。当然还要逐步使党内的一些具体规定制度化、法律化，以增强对党内的整合力度。党只有成功整合自身，才能有效整合社会。五是在方法上，要积极探索更多行之有效的方法和途径，以增强整合的有效性。如现在全国政协所举行的双周协商座谈会就是非常有效的形式，让不同界别的人士就一些专题进行讨论。总之，要设置更多的平台，拓宽更多的渠道，采取更多的形式，让意见表达畅通、有效。

美国在政治上分化很严重，西海岸的加利福尼亚州和东海岸的大部分地区基本属于民主党，而美国中部和南部地区基本属于共和党。不同地区存在不同的政治观点，这些观点很对立，甚至水火不容。美国有50个州，每个州在政治上都有很强的独立性。美国的联邦和州之间存在隔阂，联邦层面的想法未必能够在州一级得到完全推行。因为州拥有很大的自主权，每个州都有"明显对立"的民主党和共和党，这种政党的对立在一定程度上削弱了美国。2024年1月，围绕着移民问题，美国共和党和民主党两党之间的竞争愈演愈烈。由于美国联邦最高法院批准了拜登政府的一项请求，宣布得克萨斯州在美墨边境搭建的带刺铁丝网和一些阻拦移民的设施是非法的，授权美国联邦执法机构边境巡逻队去拆除。而由共和党人担任州长的得克萨斯州政府对美国联邦最高法院作出的这一裁决表示强烈不满，并开始组织人员在边境“护网”，由此形成美国联邦政府和得克萨斯州地方政府“武装对峙”的局面。

由共和党主导的美国众议院于2023年12月13日，以221票对212票的投票结果，批准对现任总统拜登启动弹劾调查。众议院共和党人指控，拜登在2009年至2017年担任副总统期间，从其儿子亨特和其他家庭成员的国外商业交易中不当获益。共和党表示，需彻查拜登在当中的关系。由美国民主党把持的白宫对此调查回应，称这没有事实根据且出于政治动机。拜登称，共和党专注于用谎言攻击他。拜登正在为2024年美国总统大选可能再次对决前总统特朗普铆足全力，而特朗普是美国历史上第一位曾两次被弹劾的美国总统。众议院民主党人认为，这次投票让美国前总统特朗普的政治报复达到了顶峰。“很明显，他们试图在政治上伤害拜登，以帮助特朗普连任。”众议院民主党核心小组主席、加利福尼亚州民主党众议员阿吉拉尔则称。①显然，所谓弹劾、诉讼的背后都存在美国两党争斗的影子。

7. **监督权力**。现代政党与权力密不可分，执政党就是执掌国家政权的政党。政治的实质就是一种权力现象，把政治看作是权力的获得、维持和运用的观点比较普遍。政党是一个政治集团，政党的行为很大层面上与政治有关。国内政党研究专家王长江教授认为：“政党的生存和发展，始终是和国家权力联系在一起的。政党首先以对国家权力的运行施加影响为目标，并且一直是现代民主政治背后的主要推动力量。”②一般而言，政党的基本目标是获取权力和行使权力。

现代政党在获得政权之前和获得政权之后，影响和领导国家政治生活的内容和方式不一样。政党在没有获得政权之前，往往是通过制

---

① 《国际金融报》官方账号：《拜登被正式弹劾调查!》，百度，2023年12月14日，https://baijiahao.baidu.com/s?id=1785219185667291420&wfr=spider&for=pc。

② 王长江：《政党论》，人民出版社2009年版，第189页。

定自己的政治纲领、方针、政策和策略，组织党员和民众展开合法或非法的、和平的或暴力的、议会内的或议会外的政治斗争来影响国家的政治生活，使之朝着有利于自己的方向发展。但在获得政权之后，政党是以“掌权者”的身份出现，并把自己的政治纲领、方针政策转变为国家的方针和政策，以国家权力向社会推行并施加影响。同时，政党还派遣党员担任国家要职，直接参与国家政策的制定和执行，通过这种过程、方式等直接支配和影响着国家政治生活的发展方向、实际进程。

对执政党来说，重要的不是获得权力的问题，而是怎样合理、有效地使用权力。所以，执政党对权力的监督功能只能增强而不能削弱。中国共产党在中国是长期执政的政党，是我们各项事业的领导核心。党的领导必须体现在方方面面，也同样包括党对国家权力的领导和监督。党的领导是否成功和有效，其中一个重要的内容就是对权力的制约和监督。

在中国，监督具有领导体制和组织体系的保证。中国共产党实行的是党委集体领导下的分工负责领导体制，在领导体制上提供了制度化的监督条件和力量。此外，在中国政府、事业单位、国有企业等组织体系里，都存在一个相对独立的完整的党的组织体系。根据党政职能分开的原则，党组织并不直接运作行政权力，但可以作为监督的力量存在。这种监督的力量，可以作为领导力、组织力、协调力等“力”存在。通过党组织的监督，一方面保证公权力的正常行使，另一方面保证公权力的“公共性质”不变。

与中国不同，部分西方国家在野党的监督力度较大，但同一政党内部的监督相对中国共产党“党内监督”的力度来说要弱得多。如当选的英国首相，实际同时掌握“行政分支”与“立法分支”，不仅是政府首脑，同时也是下院多数党的党魁或执政联盟的首领。从内政到外交，从议会到内阁，首相都具有绝对的权力和地位，几乎是一个

“帝王般的首相”。作为政府首脑，英国首相享有组阁权和任免权，这些权力使其对内阁拥有绝对领导地位。各部部长在内阁会议中只能发表自己的意见，最终决定权掌握在首相手中。因此，美国等西方国家政党的“党外监督”要远远大于“党内监督”。

8. **精英输录**。精英输送和录用是政党通常具有的功能和作用。这是由政党本身的特征及发挥的社会功能所决定的。政党组织是政党在政治生活中发挥其作用的一个前提条件。政党通过自己的组织使其能在政治生活中作为一支独立的力量统一行动，从而影响政治过程。因此，要建立一个相对完整的组织，并能有效发挥作用，就必须要有政党的骨干分子，这就要求政党不断培养和输送精英。

政党不仅是特定阶级、阶层、利益集团的代表者，同时也是实现政治社会化的重要组织。因此，政党不仅聚集着一批政治精英和中坚分子，而且还以其特定的党纲、理论、组织原则和活动方式创造着特定的政治文化氛围，且在这个氛围中教育政党成员，提高政党成员的政治素质，强化政党成员为本阶级进行奋斗的政治意识和精神。而且还要通过组织、宣传、动员，使社会民众接受政党的主张，尤其将民众引导到政党所组织、开辟的事业中。所以，政党要实现自己的政治和社会目标，就必须善于输送、录用精英。

中国共产党作为长期执政的政党，不仅具有一般意义上政党的输送和录用功能，而且其功能还要体现得更强、更充分。重视这个功能由实现党的“全面领导”本身特点和方式所决定。中国共产党可以通过直接任命、建议推荐、交流调配以及教育培养等形式，向政府、社会、企业等输送人才。由于中国共产党重视人才的选拔和培养，因此，党内聚集了大批人才精英，党组织在事实上已经成为人才的“蓄水池”“摇篮”“孵化器”，这为人才培养和使用提供了良好条件。

对中国共产党来说，精英输录具有特定要求。党的领导是政治领导、思想领导和组织领导的有机统一。党的政治领导根本在于制定和执行正确的路线方针政策，这就需要党的政治精英直接参与，以保证党的路线方针政策的科学性、正确性以及使之得到落实和贯彻。党的路线方针政策关系到一个社会的前进方向、发展道路，是制定决策的总依据，这就需要能够代表党的意志的政治精英们直接参与制定和执行。党的思想领导在于实现对社会成员相对的思想统一，以达到认识上的一致性，使党的理论纲领被社会民众所认可和接受。认可度愈高，党的领导愈能有效实现。为此，就需要一大批对党忠诚的政治精英，以自身的表率行为产生示范效应带动和影响民众增强对党的认同感；通过有效的组织、宣传、教育、发动，使党的理论纲领等方面的内容得到普及，以此扩大党对社会的影响力和渗透力。党的组织领导是通过党的组织体系和党员来实现的。因此，党的组织是一个由众多政治精英构成的组织系统，这个系统的效能发挥，取决于系统内部的政治精英质量、数量及分布。故此，党不仅需要众多政治精英支撑党的组织体系，而且还需要政治精英使组织体系向外扩展，以“覆盖”社会其他组织体系，不断扩大党的政治能量的释放范围和极力增强其影响程度。

曾为美国国会议员候选人的桑迪·梅塞尔认为：“现任总统掌控本党的全国委员会，通常在选择主席时具有决定性影响。”[①]不过，美国等西方国家政党精英输录很有限。如在美国的联邦层面，当选总统对人事的影响较大。但州一级的独立性较大，加之授权方式不同，政党对政权机构人事的影响面较窄，实际上存在很大“局限性”。而在国家层面，特别是行政、立法、司法受到各个政党不同程度的控制和影响，美国等西方国家任何一个政党都实现不了人事上的“通吃”。

9. **思想教育**。现代政党政治现象表明，一个政党为了使自己的立场、观点和主张获得最大限度的支持，也为了使普通公民和广大党员

---

① 〔美〕L.桑迪·梅塞尔：《美国政党与选举》，陆赟译，译林出版社2017年版，第58页。

干部知道通过何种途径和方法参与政治、支持政党、表达意愿及维护利益，都必须开展大量而广泛的思想教育活动。政党作为一个政治组织，一般都有行动纲领、奋斗目标及指导思想。政党内部只有形成相对统一认识，才能作出统一行动。况且，政党本身就是一个集合体，要把组成集合体的众多个体统一起来，内聚力来自共识度。这就需要在政党内部进行教育。把分散的党员团结起来，增强政党的战斗力。为此，很多国家的政党内部都设有专门的宣传教育部门，开办专门的政治教育学校，创办各种政治教育的报刊。

政党作为一个获取政权和执掌政权的政治集团，必须赢得民众的广泛支持。因此，政党需要通过各种途径对普通公民或选民进行政治教育。这种教育，一方面，表现为宣传本党的价值观和政策立场，使公民或选民更多地认识和了解本党，从而达到对本党的认同和支持。另一方面，则是进行大量的对公民或选民的教育和训练，普及政党常识，使广大公民或选民了解和理解政治运作的一般程序。中国共产党的思想教育功能是由党的性质和任务决定的，这与美国等西方国家政党在一般意义上讲的教育功能有很大不同。

中国共产党要掌握科学的理论、提高党的整体素质、保持党的先进性和纯洁性、提高党的执政能力、完成党的阶段性任务和历史使命等，需要重视党内的教育。但党的教育功能不仅仅体现于党内，更重要的是体现和扩展于党外。列宁曾明确指出："党是阶级的先锋队；它的任务决不是反映群众的一般水平，而是带领群众前进。"[①]党的事业不仅仅是党自身的事业，归根结底是人民的事业。如何使党的事业成为人民的事业，这就需要教育民众，使人民群众积极主动地参与到党所组织、开辟的事业中。

美国等西方国家政党也通过一定形式和途径进行宣传，特别是为

① 《列宁全集》第三十三卷，人民出版社1985年版，第88页。

了竞选会精心策划一些宣传活动。但私人控制的电视、报纸、杂志、网络等媒体通常有特定的倾向性，西方政党都要采取多种手段寻求“媒体代理人”。由于政党的多元性，西方社会新闻媒体传递出来的声音常常五花八门、杂乱无章。因此，美国等西方国家政党不可能像中国一样做到统一发声。如中国社会对社会主义核心价值观的宣传广度和教育力度，是美国等西方国家政党望尘莫及的。

10. 协调关系。社会是一个巨大的复杂的系统。在这个系统中，存在着不同的利益群体、集团，存在着性质各异的不同类型的社会主体，存在着纵横交错的诸种复杂关系，存在着各式各样的矛盾和冲突。因此，人类有史以来，客观上也需要始终存在一种协调力量。这种力量有暴力的也有非暴力的，有官方的也有民间的，有政治性的、经济性的也有文化性的，有群体的也有个体的，有法律的也有道德的，有协商性的也有强制性的，等等。

政党是现代社会的产物。政党本身就是在表达不同利益的过程中产生，也是在追求不同目标中发展。因此，政党客观上存在于各种力量交织关系中。政党能否处理好各种关系，是政党能力强弱的表现。对执政党来说，妥善处理各种关系，是执政党必须具有的能力之一。中国共产党是执政党，并且是领导中国特色社会主义事业发展的“核心性”政党，已经建立和形成了适合国情和党情的全面领导体制，这在实际上已规定了党具有的协调资格和协调条件。此外，协调也是领导客体对领导主体提出的要求，中国特色社会主义各项事业在发展过程中需要有效协调。在实践中，党的有效协调体现在方方面面，也体现了中国特色社会主义的制度优势。如在中国的群团组织中普遍建立了党的组织，通过党的组织召开会议的形式就可以把分散的、各自相对独立的工青妇组织协调成为一个整体。由此可见，中国具有制度设计上的协调优势。

协调是中国共产党为了更好实现领导目标而采取不同的方法和手

段并同各方面的力量相互配合、理顺关系、消除矛盾、达成统一、形成合力的过程。这种协调，既是领导主体内容之间的协调，也是领导主体与领导客体之间的协调，也包括领导客体范围内的各种关系的协调。协调是现代领导实践的重要环节。凡进行领导活动总离不开协调，有效的协调能够起到导向、统一、控制、放大等作用。协调是党的领导职能实现的重要条件，是提高党的领导工作效率的重要保证。通过有效协调，使各部门、人员分工合作、密切配合，避免重复、遗漏和责权冲突；防止和最大限度地减少内耗，提高工作效率，发挥整体效能；可以有效地利用人力、物力、财力和信息等资源，取得良好的领导效果；可以调动方方面面的积极性，创造一个稳定和谐的社会环境，以使党的路线方针政策得以全面落实。

中国共产党协调的类型有多种：有党的上下级之间的纵向协调，有党的领导机关和部门横向之间的协调，有党组织与其他政治组织的协调，有党自身事务方面的协调，也有党领导的社会其他工作之间的协调等。协调的方法多样：可以规范性协调，通过下达文件，对某些内容进行规范，提出明确要求等，从而达到步调一致；可以信息协调，通过通报情况、收集资料、宣传报道、发布公告等形式，协调领导行为；可以权力协调，明确划分职责范围，部署工作任务，统一目标行动等，以便各司其职，防止扯皮推诿；可以会议协调，通过设立专门的领导小组、工作委员会或各种联席会等形式，互通情况，交流信息，协同动作，以达到协调效果。

美国等西方国家政党也有各自的协调方式，但政党多是在政治博弈中进行，其行为受制于诸多因素。2019年11月6日，英国议会宣布正式解散，为大选做好准备。根据英国议会法案，议会解散必须在大选前25天进行。诸如此类的西方社会时常出现的“解散议会，重新大选”现象就是政党协调“流产”所导致的。2018年2月，德国联盟党与社会民主党就组阁协议达成一致，结束了4个多月的马拉松式的

“政治不确定”。在西方社会，这种混乱的政治现象司空见惯。

总之，中国共产党所具有的特殊功能，一方面是中国社会发展阶段和社会环境的客观需求，另一方面由中国共产党自身所具有的条件所决定。因为，中国共产党的性质和宗旨、目标和任务以及领导体制、领导方式、组织构架以及与社会联系的特点等决定了其具有自身的特殊功能作用。上海复旦大学张维为教授在《文明型国家》一书中认为：“中国执政党本质上是中国历史上统一的儒家执政集团传统的延续，而不是代表不同利益群体进行互相竞争的西方政党。”[①]因此，中国共产党作为政党的一种类型，不是“西方意义”上的政党。

美国政党组织与中国共产党组织功能完全不同。美国政党主要是招募候选人、为候选人提供经费支持、成为连接候选人与选民的桥梁、帮助候选人建立选民联盟以及协助组织政府等功能。这些功能反映了西方政党是民众参政议政的重要工具的西方政治思想。正因为美国等西方国家政党是不同于中国共产党的另外一种类型，所以，其不可能具有中国共产党这种充分体现自身优势的特殊功能。

① 张维为：《文明型国家》，上海人民出版社2017年版，第47页。

第五章

制度构架优势

邓小平曾明确指出："领导制度、组织制度问题更带有根本性、全局性、稳定性和长期性。"[①]中国共产党的自身优势来自制度并有制度保障。中国共产党的制度是按照民主集中制进行设计和逐步健全完善的，迄今已形成了较为完善的制度体系。这个制度体系体现了系统性、客观性、规范性、导向性和操作性的制度特征。

① 《邓小平文选》第二卷，人民出版社1994年版，第333页。

一、制度构架的历史发展

政党制度是政党政治的主要表现形式和实现形式，与政党政治既密切联系又有区别，但本质上是统一的。因此，政党政治制度的地位，最根本的在于它本身是作为民主政治的范畴而产生和发展起来的。

中国共产党是按照马克思列宁主义建党原则建立起来的无产阶级性质的政党。早在马克思恩格斯时期，共产党民主建党的问题就已经被明确提了出来，如他们起草的《共产主义者同盟章程》就对党的代表大会、党内选举、集体领导、报告制度、党员基本权利保障等内容有所涉及。恩格斯在1885年写的《关于共产主义者同盟的历史》中回答一些人的疑问时，曾明确强调“组织本身是完全民主的”原则。列宁在1905年明确提出将民主集中制作为党的组织原则，1906年在他的建议下把民主集中制写进党章；1920年按照民主集中制的原则建立党开始成为加入“共产国际”的条件之一。

中国共产党在1922年召开的二大上通过决议正式加入了共产国际。在1927年党的五大上，把民主集中制作为党的组织原则正式写进了党章。1945年党的七大通过的党章明确提出“中国共产党是按民主集中制组织起来的”，对民主集中制的要求作了具体阐述，之后几乎历次党的代表大会都涉及民主集中制，反映了历史上中国共产党对民主集中制认识的变化和发展。1992年党的十四大对民主集中制作了表述：“民主集中制是民主基础上的集中和集中指导下的民主相结合。以民主集中制为核心建立起来的制度体系，在实践中得到逐步完善。”

民主集中制之所以要成为中国共产党制度内容的核心，从历史经验看，民主集中制是党建立和发展的最根本制度保证，有利于把党建设成为统一的整体，有利于维护党内生活的正常秩序，有利于决策正确和执行有效，有利于推动社会主义民主政治建设。总之，民主集中制是科学、合理和有效的制度。从现实要求看，市场经济的平等性、自主性、竞争性、多元性、动态性、开放性等特征对党内民主、科学决策提出了更高的要求。同时，中国特色社会主义市场经济的深入发展，加速了利益关系的调整，形成了多元的利益格局，对处理利益矛盾提出了更高的要求，随着中国社会组织结构的变化、组织形态的多样性发展等，也对民主集中制的运行机制和操作程序提出了更高要求。社会成员民主意识的增强以及社会开放度的提高，对民主与集中提出了新的需求。

改革开放以来，中国共产党加强制度建设，促进了党的制度的制定、实施与执行。尤其是进入新时代，党的十八大以来突出党章重要地位，坚持以党章为根本遵循，统筹推进各位阶、各领域、各层面、各环节的党内法规制度建设，促进党的制度建设不断深化发展，不断健全党内法规制度体系，逐步形成以党章为根本、以准则条例为主干，覆盖党的领导和党的建设各方面，内容科学、秩序严密、配套完备、运行有效的党内法规制度体系，建立起具有四梁八柱性质、愈加完善稳固的制度体系架构。如《中国共产党党组工作条例（试行）》《中国共产党地方委员会工作条例》的出台，分别从横向和纵向两个向度上立起党的组织制度的“梁”和“柱”，极大地巩固了党执政的组织制度基础，夯实了管党治党、治国理政的组织制度基础，为坚持和加强党的全面领导、实现党的历史使命提供了坚强的组织保证。又如为了完善维护党中央权威和集中统一领导各项制度建设，推动“两个维护”入法入规，通过制定《中共中央政治局关于加强和维护党中央集中统一领导的若干规定》等，对党的领导体制、党与政府等机关的组织关系作出制度性规范，使党总揽全局、协调各方的领导核心作用得以充分实现。

重视在全面从严治党过程中发挥党的制度建设的重大作用。党的十八大以来，先后制定《中共中央政治局关于改进工作作风、密切联系群众的八项规定》《中共中央政治局贯彻落实中央八项规定的实施细则》；出台《领导干部报告个人有关事项规定》《中国共产党问责条例》等。此外，还制定修订了廉洁自律准则、党内监督条例、巡视工作条例、党纪处分条例等。标明纪律要求，划出行为底线，形成有权必有责、有责要担当、用权受监督、失责必追究的激励约束机制。修订落实《党政领导干部选拔任用工作条例》《干部教育培训工作条例》等，加强党内监督保障法规完善，强化自上而下的组织监督，改进自下而上的民主监督，发挥同级相互监督作用，把党内监督同其他监督方式通过制度构建贯通起来，着力构建党统一指挥、全面覆盖、权威高效的监督体系。

重视党的制度建设的贯彻落实。如制定《中国共产党党内法规执行责任制规定（试行）》等，着力构建一整套在执行实施层面的制度推进体系，确保党的制度、党内法规制度能够落地落实并到位到界。同时注重把中央要求、群众期盼、实际需要、新鲜经验结合起来，提高制度建设的科学性和实效性。坚持继承与创新相结合，做好“立、改、废、释”工作，既保持制度的稳定性和连续性，又保证制度应有的活力和能动性。注重统筹实体性法规制度和程序性法规制度、协调综合性规定和专门性规定、联通下位法规制度和上位法规制度，力求相互支撑、相辅相成，有效提升法规制度的整体效应。总之，从党的制度建设发展脉络看，尤其是党的十八大以来制度建设的成功实践探索，说明党的制度建设对党的自身建设、党的事业发展都发挥了巨大作用。

二、民主与集中相统一

中国共产党之所以有强大的凝聚力和战斗力，能够始终成为中国特色社会主义事业的领导核心，就在于全党有建立在共同理想信念基础上的团结一致和集中统一。坚持民主与集中相统一是中国共产党制度运行的核心价值。

民主集中制作为一种制度，体现了民主与集中的辩证科学关系。民主集中制的民主，是党员、党的组织的意愿、主张的充分表达和积极性、创造性的充分发挥；而集中，是全党意志、智慧的凝聚和行动的一致。民主与集中，是一个统一的不可分割的整体。

民主和集中存在着相互依存、相互制约的辩证关系。这个辩证关系表现在：民主是集中的前提、基础和条件，没有民主就无法实现正确的集中。因为没有民主，党员和群众的积极性、创造性就得不到发挥，正确的意见就集中不起来。所以，只有在广泛充分的民主基础上才能实现正确的集中、有权威的集中，在民主基础上的集中，集中的内容才能够通过民主途径有效地得以执行。而集中指导民主，集中是实行民主的保证和结果。离开了集中，民主就失去方向和依托，不能产生任何结果；离开了集中，民主的发展就可能不规则，就可能出现无序状态。只有在集中的指导下，民主才能有正确的方向，党组织和党员的积极性、创造性才能得到更好的发挥。没有集中就形成不了统一的意见，什么事也办不成，实行民主的真正目的也达不到。因此，在强调民主时，一定要注意维护党的集中统一；在强调集中时，一定要以民主为基础。总之，民主与集中是统一的有机整体，两者皆要得到充分体现，千万不可偏废。

中国共产党制度体系构建的主线就是民主集中制，这条主线贯穿始终。党的制度体系既体现民主也体现集中，是民主与集中的有机结合。《中国共产党章程》中的第二章《党的组织制度》其中第十条规定："党是根据自己的纲领和章程，按照民主集中制组织起来的统一整体。"党章第二章内容的主线，就是强调党内如何民主、如何集中以及如何使民主与集中实现统一。

正因为党的制度的核心是民主集中制，所以这个制度的内质决定了党的制度的表征。民主集中制必须以民主为基础，所以，党的制度必须从内容到形式都要体现民主。《中国共产党章程》第二章第十一条规定了"党的各级代表大会的代表和委员会的产生，要体现选举人的意志"；并规定了选举方式采用无记名投票；还规定"候选人名单要由党组织和选举人充分酝酿讨论""任何组织和个人不得以任何方式强迫选举人选举或不选举某个人"；等等，这些内容都体现了党的制度规定的民主性。但同时，第二章第十六条规定："党的下级组织必须坚决执行上级组织的决定""如果上级组织坚持原决定，下级组织必须执行，并不得公开发表不同意见，但有权向再上一级组织报告"。第二章第十七条规定："党组织讨论决定问题，必须执行少数服从多数的原则。决定重要问题，要进行表决。”可见，党的制度设计极力把民主与集中统一起来，不仅强调民主与集中一个都不能少，更强调民主与集中的有机结合。

民主集中制的基本内容和运行程序体现制度规范。民主集中制是中国共产党组织和制度建设必须遵循的规律，其基本内容主要是：1. 处理党内关系的基本准则——“四个服从”；2. 党内民主的重要制度——选举制；3. 党内的组织原则——正确处理上下级关系；4. 党内的领导制度——集体领导和个人分工负责制。对一般的重大决策，通常采取五大环节：一是召开正式会议，即召开按照《中国共产党章程》规定和其他党规党纪规定的权限、范围和参加成员法定的会议。二是充分讨论，包括会前的通报、酝酿和会中的畅所欲言、自由讨论两个方面。三是坚持一人一票，按照少数服从多数原则实行表决。四是制定执行方案和措施及明确分工，落实岗位目标责任制。五是检查监督执行落实情况和厉行奖惩，真正做到善始善终、决而必行、行而必果。

民主集中制行为的目标指向很重要，有了正确的目标，行动才能达到一致。民主集中制的目标表现在：一是政治目标。中国共产党是一个政治组织，要通过实行民主集中制实现政治上的统一，为此，把政治建设摆在党的建设的首位。二是工作目标。在党内普遍实行民主集中制的原则，主要是确保党中央和党的各级组织的决策正确，确保党中央和党的各级组织的决策能得到有效执行。所谓集中统一，就是指党的最高权力在中央，全党都要同中央保持一致，自觉维护中央权威，也就是党的民主集中制所规定的“全党各个组织和全体党员服从党的全国代表大会和中央委员会”这一条的内容要求。

中国共产党坚持的民主集中制这个根本制度具有重大的意义：体现了党的性质和使命的要求；是把党统一成一个整体的需要；是处理党内矛盾、协调党内关系、维护党内生活秩序、实现党内团结的需要；

保证了党的决策正确和执行有效；极大地增强了制度的合理性和有效性。

中国共产党的全国代表大会政治报告的起草过程就是实行民主的过程。通常要组建不同专题方面的课题组，开展广泛的调查研究，充分听取党内外的意见建议，最后还要正式提请全国代表大会审查讨论。可以说，党的政治报告起草的过程是充分发扬民主的过程。中国共产党坚持走群众路线，反映人民意愿，汇集各方智慧，充分解放思想，广泛凝聚共识。这种“听民意、汇民智、聚民力”的政党内部文件起草的方式，美国等西方国家政党望尘莫及。

中国共产党实行民主基础上的集中，而一旦集中后的决定就必须严格执行。五年召开一次的党的代表大会是“最高层次”的集中。全国代表大会闭会期间，中央委员会执行全国代表大会的决议。中央政治局及其常务委员会在中央委员会全体会议闭会期间，行使中央委员会的职权。可见，中央政治局及其常务委员会是中国共产党日常担任领导的中央组织。而中央组织对重大事项决定后，就通过各级党组织系统贯彻落实。

相对于中国共产党实行的民主集中制，美国政党看似“绝对民主”的竞选制度，存在许多漏洞。曾担任美国驻百慕大大使的格雷戈里·史雷顿在接受访谈时讲起美国的民主制度时认为：“民主并不完美，它有很多缺点，有时难以推行，民主自身存在矛盾性，民主还可能会导致效率低下。”[①]如美国选举阶段的“硬钱”是民众直接赠予选举活动的钱，有一定数额的限制，每一届选举都会有些变化。而“软钱”是民众捐给党派的钱，譬如捐给政党全国委员会。通常“硬钱”比“软钱”受到限额控制更严格些。但候选人参选时，会利用“第三方组织”为竞选活动募集资金，其数额不受“硬钱”和“软钱”规定

① 赵忆宁：《探访美国政党政治：美国两党精英访谈》，中国人民大学出版社2014年版，第112页。

的限额控制。这说明美国现行制定的制度法令存在处于中间的灰色区域，其漏洞就会被人利用。对此，美国选举活动过程中存在的种种问题在实际政治活动中得到验证。

三、制度的优势表现

中国共产党对国家和社会的领导，最根本的是通过决策的制定和实施来实现领导，这个领导主要体现在政治领导、思想领导和组织领导三个方面。一个国家决策效率的高低，前提取决于该国的根本政治制度。美国等西方国家采取的是以三权分立即分权制衡为基本原则的政治制度，而中国则采取了马克思所主张的“议行合一”为基础的根本政治制度。两者相比较而言，议行合一的人民代表大会制度在决策效率及有效执行上具有鲜明的特点和独特的优势，这些特点和优势主要表现在以下几个方面：

1. **主导性**。中国共产党在国家决策体制中居于领导地位。这意味着在决策体制中，中国共产党与其他决策行为主体之间不是平行、并列的关系，而是领导与被领导、主导与从属的关系，国家各个机关都在中国共产党的直接领导下履行各自不同的职能。中国共产党作为执政党的政治领导作用，主要是通过制定国家的立法指导思想以及党的路线方针政策来指导国家机关的各方面工作来实现的。这样在决策过程中，就不会出现“政出多门”的问题，也不会陷入半途而废的窘境，可以一棒接一棒，实现一张蓝图绘到底。

中国共产党是中国特色社会主义事业的领导核心，党政军民学、东西南北中，党是领导一切的。在中国，中国共产党是最高政治领导力量。而政治领导最根本的是“统揽全局、协调各方”以及通过制定重大决策实现全面领导。中国共产党是坚持长期执政的“核心性”领导政党，因此，中国共产党在决策体制中的领导地位是长期保持不变的。

这种决策体制，创造性地解决了执政党与代议机构的关系问题，确立了中国共产党的领导地位，确立了党在国家权力结构中的权威地位，有助于党对国家政权的领导，有利于全民意志的统一和利益的实现，这是保证决策效率的领导基础。中国共产党坚持和贯彻民主集中制，民主集中制作为中国共产党的组织制度和领导原则，是保证决策效率的制度和组织基础。建立在民主集中制原则基础上的人民代表大会制度，一方面体现了广泛的人民民主，另一方面又保证了人民意志的集中统一和国家权力的集中统一，从根本制度上确保了决策的效率。事实证明，实行中国共产党领导下的人民代表大会制度，有利于中央政令的高度统一，有利于把各种政治经济和社会资源迅速组织调动起来，保证了国家高效的决策并能够体现高效的执行效果。

在中央层次上，中国的决策体制主要由“党”“政”“军”“法”“民”五个行为主体构成。其中，“党”包括执政党和参政党；“政”包括全国人大及其常委会和国务院；“军”主要指中央军事委员会；“法”包括最高人民法院和最高人民检察院；“民”在狭义上，主要指不担任国家公职的民众和社会团体。这五个行为主体之间形成了“一个核心”和“四种关系”。“一个核心”特指中国共产党是决策体制中的核心行为主体。

事实上，中国共产党的“主导性”在中华人民共和国成立初期就已经形成，这是中国国情的产物。早从1948年8月开始，各民主党派负责人和无党派民主人士就积极响应中国共产党发出的“五一号召”，他们先后进入东北、华北解放区，参加新政治协商会议的筹备工作，共同筹建新中国。人民政协的召开，标志着中国的新型政党制度——中国共产党领导的多党合作和政治协商制度的确立。人民政协，是中国共产党领导的以工农联盟为基础的人民民主统一战线的组织形式。这个组织形式的前提是坚持中国共产党的领导，这是民主党派和无党派人士一致接受而形成的普遍性共识。

从20世纪初开始，美国两党开始在国会两院选出形式上的领袖，不管本党是多数党还是少数党。美国民主党和共和党都要求立法机构内的本党成员与领袖保持一致。执政党要求本党成员支持总统的立法举措。新当选的总统通常都会挑选本党成员出任内阁职务或担任非正式顾问。但由于美国实行的是三权分立体制，任何一个政党都不可能同时成为主导行政、立法、司法“三权”机构的政党。特别是政党轮替后，即便是正确的决策也不可能得到延续。

世界银行前驻中国首席代表皮特·鲍泰利在接受记者采访中联系美国的选举时认为：“选举民主并不能保证政府制定的政策会有助于维护大多数选民的长远利益。”“选举民主最大的问题在于，投票的选民和当选的政客在所决定的问题上都表现出短视的缺陷。”“中国的一党制政治体系有一个重要的优势，那就是执政者有条件在一些重要问题上着眼长远、从长计议，并且政府能够以坚决的行动积极跟进……”[①]70多年来的发展，中国一个接一个的中长期发展目标如期得到实现的事实，从侧面验证了他的观点。

---

① 赵忆宁：《探访美国政党政治：美国两党精英访谈》，中国人民大学出版社2014年版，第10页。

也正因为西方许多国家政党在名义上虽然赢得了选举胜利，但并不具有类似中国共产党这样的“主导性”，因此，往往导致政府决策的效率低下而错过了良好的发展机遇，也导致决策执行不力而实现不了既定的发展目标。美国等西方国家政党的内斗，是对本国的“政治消耗”，既增加了国家政治的“运行成本”，也降低了国家运行的“政治效率”。

2. **协商性**。中国共产党与各民主党派的关系在国家政权中表现为执政党与参政党的关系，并集中体现在中国共产党领导的多党合作和重大决策的政治协商关系中。中国共产党的每次重大决策，都需要与民主党派进行充分协商。这种协商性的制度安排成效，事实上在中华人民共和国成立初期就已经得到体现。革命胜利后将要建立一个什么样的国家，如何把革命胜利的成果用法律形式固定下来，并且规定中华人民共和国成立后的大政方针，作为全国人民共同遵循的准则，以便团结全国各族人民把革命和建设事业继续推向前进，这就迫切需要制定一部具有根本法性质的文件。《中国人民政治协商会议共同纲领》在1949年9月29日中国人民政治协商会议第一届全体会议上通过。无论从内容上还是从法律效力上看都具有国家宪法的特征，在当时起到了临时宪法的作用。1989年12月颁布了《中共中央关于坚持和完善中国共产党领导的多党合作和政治协商制度的意见》。2005年2月又下发了《中共中央关于进一步加强中国共产党领导的多党合作和政治协商制度建设的意见》，其中指出：把政治协商纳入决策程序，就重大问题在决策前和决策执行中进行协商，是中国政治协商的重要原则。

中国共产党是执政党，党的各项决策的正确与否对党和国家事业的发展都将产生重大影响。把政治协商纳入决策程序，在决策前和决策执行中充分听取各民主党派以及党外各界人士的意见，集思广益，有利于增强决策的科学性，有效地避免和减少失误。政治协商的要旨是决策前的协商，只有坚持协商于决策之前，政治协商才能避免成为形式，从而发挥应有的作用。此外，在决策执行过程中加强协商，也有利于根据实践的发展不断完善决策。政治协商是中国共产党进行科学决策的一个重要环节，现在全国政协召开的“双周协商座谈会”就是很好体现政治协商的一种有效形式。

在中国传统政治文化中，强调“和为贵”，强调“明主者，兼听独断，多其门户”，协商民主扎根于传统文化的深厚沃土，贯穿中国特色社会主义民主政治全过程。党的十八届三中全会强调：“构建程序合理、环节完整的协商民主体系，拓宽国家政权机关、政协组织、党派团体、基层组织、社会组织的协商渠道。”2015年中共中央印发《关于加强社会主义协商民主建设的意见》为协商民主广泛、多层、制度化发展提供了重要保障。2019年10月党的十九届四中全会通过的《中共中央关于坚持和完善中国特色社会主义制度、推进国家治理体系和治理能力现代化若干重大问题的决定》指出，坚持社会主义协商民主的独特优势，统筹推进政党协商、人大协商、政府协商、政协协商、人民团体协商、基层协商以及社会组织协商，构建程序合理、环节完整的协商民主体系，完善协商于决策之前和决策实施之中的落实机制，丰富有事好商量、众人的事情由众人商量的制度化实践。协商民主是中国独特的有价值的民主形式，是中国土生土长的一种有效的国家治理方式。

与中国共产党领导下的有效政治协商相比，美国民主党和共和党长期存在政治争斗，仅从本党自身利益出发，两党很难真心实意地实现有效协商。对此，美国的一些学者也看得很清楚，“两党的中心目标和行为存在着长期的不协调，对两党实现其实质性目标构成了挑战，同时也对更大政治体系的健康产生了明显有害影响”[①]。“它们在

① 〔美〕迈特·格罗斯曼、戴维·霍普金斯：《美国政党政治》，苏淑民译，当代世界出版社2021年版，第396页。

互相掐架上花的时间更多，而不是共同努力把美国建设得更好。”[1]正因为美国两党不是相互补台而是相互拆台，造成很多公共决策虎头蛇尾、公共事务半途而废，自然导致美国的政治运行成本增大。

美国各政党之间的对立是事实。现在美国的选区划分不再是根据居民数量、城、镇、村这些指标来进行，而是根据这个区域居住的究竟是民主党人多还是共和党人多而定。这样实际上也就是确定划分了民主党人的聚集区和共和党人的聚集区。这在客观上就会助力形成“阵营”对立，给政治协商造成困难，甚至导致无法沟通。奥巴马任总统期间，因参议院共和党反对，环境保护局的局长长达半年之久无法任命。因为美国参议院规定，需要60名参议员都反对讨论延长，讨论才可以结束。虽然民主党控制了参议院，但席位仅有54个，不足以结束某些被恶意延长的讨论。共和党利用这个规则让民主党的总统任命无法得到批准。

美国明尼苏达州民主农民劳动党前主席瑞克·史德福坦诚认为：“在国会和各级立法机构，两党的对立非常严重，以至于我们无法取得什么实质性的成果。”[2]美国民主党总统想要安排相应财政预算，同为民主党的参议院会同意这一提案，但共和党控制的众议院便会拒绝。共和党为什么要拒绝呢？美国明尼苏达州民主农民劳动党前对外联络主席埃里克·玛格利斯明确表示：“没有预算支持的话，美国的信用评级就会下降。”“因为他们希望看到现任总统的支持率下降，这样就有利于共和党当选总统了。”[3]

可见，美国政党是以政党利益为重，而不是以国家利益为重。正

① 赵忆宁：《探访美国政党政治：美国两党精英访谈》，中国人民大学出版社2014年版，第98页。

② 赵忆宁：《探访美国政党政治：美国两党精英访谈》，中国人民大学出版社2014年版，第66页。

③ 赵忆宁：《探访美国政党政治：美国两党精英访谈》，中国人民大学出版社2014年版，第233页。

由于政党对立，预算不能通过，导致出现政府“关闭”、公园不能开放、商业执照停发以及福利计划停止等一系列问题。2023年12月19日，由美国民主党控制和影响的美国科罗拉多州最高法院宣布，前总统特朗普将被取消参加该州2024年总统初选的资格。2024年3月4日，美国最高法院裁决，特朗普可以参加总统大选，他的名字可以出现在选票上。这项裁决结束了科罗拉多州等多州针对特朗普的诉讼。毫无疑问，此事件背后揭示了美国社会存在的“政党对立”，也折射出美国政治的“阴暗面”。据美国Vov网站刊文，“针对公职人员的威胁已经上升到‘前所未有’的数字，高达83%的受访者担忧美国政治暴力风险”①。显而易见，美国政党的对立，增加了美国政治运行成本，降低了美国政治体系的行政效率，在客观上危害了美国社会的健康发展。

3. **民主性**。中国共产党是按照民主集中制组织起来的统一整体，民主集中制是中国共产党的组织制度、组织原则。民主集中制既是党的根本组织原则，也是群众路线在党的实际生活中的运用。所以，党章强调必须充分发扬党内民主，尊重党员主体地位，保障党员民主权利，发挥各级党组织和广大党员的积极性、创造性。《中国共产党章程》第十条明确规定：“党的上级组织要经常听取下级组织和党员群众的意见，及时解决他们提出的问题。”同时也规定：“凡属重大问题都要按照集体领导、民主集中、个别酝酿、会议决定的原则，由党的委员会集体讨论，作出决定；委员会成员要根据集体的决定和分工，切实履行自己的职责。”

邓小平曾指出，民主集中制的核心是民主。党的十六大作出了“党内民主是党的生命”的重要论断。党的十八大强调，要保障党员主体地位，健全党员民主权利保障制度，开展批评与自我批评，营造

① 李准、任重：《美媒担忧今年大选“重蹈覆辙”》，《环球时报》2024年1月6日，第8版。

党内民主平等的同志关系、民主讨论的政治气氛、民主监督的制度环境，落实党员知情权、参与权、选举权、监督权，强调要积极发展党内民主，增强党的创新活力。党内民主是党内利益协调、避免体制内冲突的重要形式，是一个政党政治制度竞争力的核心内容之一。

历史和现实都表明，一个政党能否获得人民群众的广泛认同、能否长久执政、能否保证国家的长治久安，在很大程度上取决于这个政党内部民主的发展水平。在中国共产党看来，新形势下贯彻执行民主集中制，必须积极发展党内民主，必须建立和健全党员权利保障制度、选举制度、党内事务公开制度和监督制度等，这是增强党的创新活力的根本途径。所以，党内的每次重大决策都充分发扬民主，广泛征求意见。如每次起草党的全国代表大会政治报告，都是自上而下与自下而上反复讨论、酝酿形成。没有民主的制度是没有生命力的制度，没有民主的政党也不可能成为强大的政党。

中国政党制度是中国式民主的产物。中国共产党领导的多党合作和政治协商制度是中国特色社会主义的政党制度，中国共产党与八个民主党派经常就国家发展中的一系列重大问题进行民主协商。这种协商制度充分彰显了中国共产党的领导优势，兼具“合作性”，可以最大化把发展的条件利用起来、资源聚集起来、要素综合起来、关系协调起来、力量调动起来，而美国等西方国家政党在这方面则常常表现得力不从心。前世界银行驻中国首席代表皮特·鲍泰利认为：“在美国，有许多人对于政治体系的不作为表示了焦虑和愤怒。在过去五六年甚至更长的时间里，国会的情况非常不妙，无法就争议问题达成一致，例如教育、移民、财政改革、政府借款、医疗改革等所有你能想到的大问题，都没有得到解决。”“似乎两党的目的只是击败对手，而不是领导整个国家。”[①]美国钢琴家格瑞斯在谈到美国政治体系出了问

① 赵忆宁：《探访美国政党政治：美国两党精英访谈》，中国人民大学出版社2014年版，第4页。

题时直截了当指出："我认为现在两党之间的争斗太频繁、太过分了，这种争斗已经导致政党无法为整个国家的利益服务。"[①]

长期研究政党和选举的美国学者桑迪·梅塞尔也认为："虽然整个政治流程向所有具备竞选资格的民众开放，但事实上很少有人有机会成为候选人。提名流程往往很难弄明白，最终获得提名的人选也不是理想的候选人。"[②] 美国政党政治中一个有趣的现象，就是政党始终很难选出一个自己想要的人。从历史进步角度看，中国共产党和美国等西方国家的政党都是一种类型的民主形式，但什么样的民主形式更有效？颇值得反思。很多中国学者在研究中认为："西方民主已经沦为一种民主形式掩盖下的金权政治""西方的民主政治实质上成为'财团政治''寡头政治'"[③]。显然，中国共产党的民主与美国等西方国家政党的民主大相径庭、迥然有别。

总之，人类社会的民主政治发展，要高质民主不要低质民主，要有效民主不要低效民主，要有序民主不要无序民主，要多数人民主不要少数人民主。世界民主政治发展的实践一再表明，民主不仅要有理论意义，更要有实践价值，否则民主的价值就要打折、掉价。

4. 迅捷性。中国的领导体制是能够集中力量办大事的体制。中国政府能够把一切可以利用的有效资源，包括官方资源和民间资源，都能够迅速动员、高度集中、统一使用，从而使各项政策与措施能够迅速得到贯彻和落实。相对美国等西方政治体制而言，中国的多党合作制度既避免了一党制的独断专行，也规避了一党制可能引发的"体制性危机"，又提高了政党执政的效率。中国共产党领导的多党合作和政治协商制度，避免了多党制下政党之间相互攻击、相互扯皮而导致

---

① 赵忆宁：《探访美国政党政治：美国两党精英访谈》，中国人民大学出版社2014年版，第8页。

② 〔美〕L.桑迪·梅塞尔：《美国政党与选举》，陆赟译，译林出版社2017年版，第147页。

③ 李捷、尹汉宁主编：《西式民主为什么不适合中国》，学习出版社2017年版，第4、5页。

的决策低效，有效减少和降低了国家运行的政治成本。

美国等西方国家政治体制内存在多元主体，并代表着不同利益。尤其是在多党组成的“联合政府”情况下或者是执政党不占议会多数的情况下，政治决策常常出现“难产”，甚至出现“流产”“胎死腹中”现象。因为西方三权分立的政治制度离不开多党竞争制度，美国等西方国家政党政治背景下决策效率低下，主要表现在以下方面：一是浪费政治资源。政党轮换造成有关政策或立法上的反复和国家资源上的浪费。一党上台执政往往会改变上届政党政府所制定的政策，终止此前的决策，从而使决策失效。如代表美国共和党的特朗普上台后，就把前任代表民主党的奥巴马制定的政策给否定了。西方政党轮换也往往会导致执政党不再关注国家的长远大计，而局限于执政期间的事务；不关注民众的长远利益，只关注眼前的政党利益，使政府政策缺乏战略眼光。二是“低质民主”制约。对选票的追求使政党缺乏勇气决策。例如，美国等西方国家政党在社会福利制度改革的问题上，总是畏首畏尾、难以施展手脚，在坚持政党传统价值和迎合选民获得选票的两难之间，最终都会向选票低头。“选票民主”“低质民主”降低了美国等西方国家的政治质量。三是出现分散政治主体。在西方比例代表制选举制度下，往往容易形成多党联合执政的政府，这样的多党联合执政的政府往往执政基础脆弱，小党政治立场的变化也能够颠覆整个政府。西方多党联合执政的政府往往追求稳定而失去效率。

从世界范围看，无论发达国家还是发展中国家都普遍面临决策难题。美国等西方国家的社会，权力部门间、政党间过度分权，出现多元的“碎片化政治”“分散的政治”“切割的政治”，难以形成共识，常常陷入“议而不决”“决而不行”的政治僵局。这种现象，即便在同一政党内部也是如此。当代英国著名政治学家艾伦·韦尔在其出版的著作中写道：“当工党执政时，工党议员根本不受年会决议的束缚；

而当工党在野时，工党议员对于他们不喜欢的政策或者不予理会，或者同意各自保留不同意见。”[①]德国“陷入国家危机”，一个重要原因是执政联盟的3个政党已失去权威。德国发行量最大的《图片报》报道，根据INSA的民调，64.3%的德国人希望总理下台，只有24.6%的人反对。总理所在的社会民主党的支持者，也以微弱多数（47.9%对47.1%）支持在下次大选前换总理。[②]可见，正因为美国等西方国家政党内部分裂，政党组织执行力弱，导致其执行效率不高同时“社会撕裂”和“阶层对立”现象层出不穷。

中国恰恰相反，决策迅速、执行有力。如党中央应对国际金融危机的决策出台后，国务院在第一时间召开常务会议，对全面贯彻落实中央决策进行部署。中央政府各部委分工合作，各司其职；地方政府结合实际，具体贯彻落实。全国人大常委会围绕重点和专题，分赴各地进行实地调研和检查，推动和督促有关决策和部署的贯彻落实。全国政协积极发挥职能作用，对经济和社会发展的重大问题开展密集调研活动，就如何完善政策、如何提高落实质量，提出对策和建议。这样的各方面密切配合、整体推进的大合作模式和机制，确保了国家重大决策的执行和落实。对此，一些国际组织人士和美国的学者也清楚地认识到。曾在世界银行工作的阿兰·皮萨认为：“中国政府似乎效率很高，在决策方面可以说是所有政府中效率最高的。如果共产党决定要做什么事情，就能够做成。”[③]美国乔治·华盛顿大学教授丹尼斯·约翰逊也认为：“当国家有问题时，中国是在向前走，而美国则被困住，如同被困在水中。”[④]

---

① 〔英〕艾伦·韦尔：《政党与政党制度》，谢峰译，北京大学出版社2011年版，第105页。

② 参见《“欧盟发动机”法德开年不顺》，《环球时报》2024年1月10日，第1版。

③ 赵忆宁：《探访美国政党政治：美国两党精英访谈》，中国人民大学出版社2014年版，第10页。

④ 赵忆宁：《探访美国政党政治：美国两党精英访谈》，中国人民大学出版社2014年版，第36页。

中国共产党领导的多党合作和政治协商制度，是中国人民经过艰难探索之后创立的符合中国国情的政党制度。中国的多党合作制度是社会主义政党制度，民主党派和执政的共产党在根本利益上的一致性，决定了中国多党合作制度的长久根基，避免了美国等西方国家实现多党制下的恶性竞争；而中国多党合作中的多党并存，避免了利益表达单一化问题，又避免了一党制下执政党缺乏监督和政党功能弱化的危险。相对于美国等西方国家竞争性的多党制，中国的多党合作制度以合作与协商代替了对立与争斗，能够有效避免政党相互倾轧造成的政局不稳和政权频繁更迭，避免恶性政治竞争，最大限度地减少社会内耗，实现了制度效能的优化，具有突出的制度效能优势。这种政党制度保证了中国社会不同阶层最广泛的政治参与，保证了中国人民利益的充分表达，能够有效调和不同的利益诉求，最大限度地有效实现利益整合，在中国共产党的统一领导下，形成统一的国家意志，从而实现了高效率的决策。

在决策体制中，决策结构、决策方式和决策机制是相互关联的三个不可缺少的方面。决策结构是指参与决策的行为主体之间相互关系的组成方式。决策结构实际上反映了决策权力在不同的决策行为主体之间的分配关系。决策结构的不同既决定着决策方式的安排和决策机制的设计，也从根本上影响着公共权力运行的整体功能。决策方式是指决策行为主体行使决策权力的方法和形式。不同的决策方式不仅会影响决策信息的处理效率，也会营造和形成不同的决策情境，从而最终对政策的产出结果形成影响。决策机制是指相互关联的决策环节、步骤、阶段按照一定的先后次序排列形成的规范、有序的决策流程。决策机制实际上就是为了保障这种动态过程有序化的制度化安排。如果说决策结构凸显的是决策权力的静态关系，那么，决策机制则强调了决策权力的动态运行过程。

中国共产党在实践中形成的决策结构、决策方式和决策机制，体现了中国治理的特点，也体现了中国治理的智慧和经验。

5. **改革性**。制度建设改革，既是中国共产党制度建设的优势，也是党的二十届三中全会精神所强调的。中国共产党制度的改革性是区别于西方政党的一大显著特点。

习近平总书记指出："中国特色社会主义制度是当代中国发展进步的根本制度保障，是具有鲜明中国特色、明显制度优势、强大自我完善能力的先进制度。"①改革开放以来特别是党的十八大以来，党和国家事业取得历史性成就、发生历史性变革，充分证明了中国制度的优势，进一步彰显了中国制度能够根据时代发展和社会变迁不断作出改革调整，具有强大的自我完善能力。党的二十届三中全会通过了《中共中央关于进一步全面深化改革、推进中国式现代化的决定》，鲜明体现了中国共产党人"将改革进行到底"的勇气和决心。

制度能够自我完善、自我革新，得益于制度设计的先进性、科学性。中国制度坚持科学社会主义基本原则，具有鲜明中国特色，遵循中国社会发展规律、制度建设规律，是先进的、科学的制度。作为一套相互衔接、相互联系的制度体系，它为在坚持根本制度、基本制度和重要制度的前提下改革完善各项体制机制奠定了坚实基础，为充分发挥制度优势提供了有力保障。

时代在发展、环境在变化，社会问题也在不断产生。因而，制度优势不可能一成不变、一劳永逸。只有顺应时代潮流，紧跟实践步伐，勇于改革创新，才能始终保持制度优势。改革开放以来特别是党的十八大以来，中国制度不断发展、日臻完善，展现出强大的自我完善能力。这种自我完善能力主要源自改革创新。实践发展永无止境，理论创新永无止境，制度完善也永无止境。中国制度是改革创新的结果，也处在不断改革创新的过程中，需要随着实践发展而不断完善。

---

① 《习近平谈治国理政》第二卷，外文出版社2017年版，第36页。

植根于中华文化沃土，中国制度具有开放包容的特征。它以兼容并包、海纳百川的态度吸收借鉴古今中外制度文明成果，避免其他制度的弊端和局限性，不断回答时代和实践提出的崭新重大课题，具有先进性、优越性、独创性。早在改革开放初期，邓小平同志就曾经明确指出："我们的制度将一天天完善起来，它将吸收我们可以从世界各国吸收的进步因素，成为世界上最好的制度。这是资本主义所绝对不可能做到的。"[①]实践证明，中国制度既扎根中国大地，又以海纳百川的气度吸收借鉴其他制度文明成果，并伴随实践发展而不断改革创新、发展完善，日益成熟、日益定型，其优越性也必将日益彰显。

反观西方社会的制度，遇到的麻烦表现在经济、政治、社会、文化各个方面，其根源是资本主义制度难以调和的内在矛盾性。经济领域：金融资本恣意横行，债务赤字普遍超标；政治领域：选票至上主导下的"民主异化"现象日益突出；社会领域：福利改革举步维艰，社会矛盾不断激增加剧；文化领域：知识分子的独立文化空间受到空前挤压，等等。面对这些一系列林林总总"制度困境"，西方政党普遍束手无策，面对问题无所适从。

西方政党特别是英美两国政党，政党制度改革争权夺利，基本毫无进展，社会反响很大。美国利益集团固化，阶层分化，民主异化，改革难成共识。美国两党代表不同利益集团、推进不同经济议程，越来越分处不同世界，相互之间的矛盾冲突不断固化深化。美国社会结构正从"橄榄形"向"哑铃形"变化，阶层分化在加剧。这些问题明摆着，但无论谁上台也解决不了，因为美国已经进入了民主异化、体制僵化、思维固化的死循环。面对世界之变、时代之变，美国即便有心也无力推进改革，难以扭转霸权衰落的宿命。

其表现：一是难以进行有效改革。美国两党分别效忠于各自金

① 《邓小平文选》第二卷，人民出版社1994年版，第337页。

主，不能服务最广大人民，不可能真心实意“进行改革”。所谓“改革”的举措实质不过是“以改革为名”的牟利手段。如共和党自里根政府开启的“涓滴经济学”，其本质就是资本家吃肉、民众喝汤，加剧美国社会两极分化，导致中产阶级不断萎缩。二是难以达成整体共识。美国两党大搞“否决政治”，几乎在所有议题上相互反对。如国会立法数量大幅下降，2023年国会两院700多次立法投票仅通过34项法案，堪称“美国内战以来最低效国会”，由此对国家发展的推动作用就可想而知了。无尽的党争令美国政治陷入巨大内耗，债务膨胀、通胀加剧、毒品泛滥、枪支暴力等选民关心的诸多问题只见争吵却无人能解。两党频繁上演府院之争，共和党利用众院优势干扰拜登政府执政，制造联邦政府“关门”危机，改革议题多半不了了之。三是难以实现内外统筹。美国一心只想着维护自身霸权，谁要上来就打压谁，这本质上就是一种害怕公平竞争的懦夫心态，与改革精神背道而驰。多少年来，美国就是这样利用自己在资金技术上的优势地位，将广大发展中国家强行置于产业链底端，榨取廉价劳动力。美国还依仗“石油美元”“债务美元”转嫁风险，发动军事、金融等霸权机器，加大收割世界为其霸权续命。总之，反观美国，美国陷入内忧外患，政治动荡，改革无力，认不清大势，看不到潮流，动不了利益，治不了痼疾。

明者因时而变，知者随事而制。运动和变化是世界的本质，只有变化的才是永恒的，必须积极应变、努力求变。制度优势是一个政党、一个国家的最大优势，制度强则国家强。任何一种社会制度只有不断调整和完善，才能保持生机和活力，带来社会发展和进步。因此，中国共产党面对新的形势和任务，必须进一步全面深化改革，继续完善各方面制度机制，固根基、扬优势、补短板、强弱项，不断把中国制度优势更好转化为国家治理效能。

第六章

文化传承优势

中国共产党是在中国这块土地上建立、成长、发展、壮大起来的现代新型政党，中国共产党的党性与中华民族的民族性存在内在、紧密、逻辑上的必然联系。中国共产党治国理政的很多智慧经验、价值理念、思维方式等都来自中华优秀传统文化。因此传承和弘扬中华优秀传统文化是中国共产党治国理政和加强自身建设所具有的独特比较优势。

一、政党带有特定文化的色彩

政党属于上层建筑的范畴，与思想文化紧密相连。因此，从某种意义上讲，政党是特定文化的“产物”。任何一种文化都隐含着一定意义的价值取向、价值标准及思维方式、行为习惯。当一个社会形成了具有特定内涵的文化，这种文化就会产生广泛而深层次的社会影响。政党是由人组成的政治组织，而人是特定社会里的人，是在特定文化环境里成长的，都要受到特定社会文化的熏陶和影响。因此，一个国家的政党通常与其所在国家的社会文化密切关联，并带有浓厚的特定社会“文化色彩”。

英国政党雏形最初出现于议会，议会中的政治派别的对立促使内阁制度逐步成长，而内阁制度的成长又反过来影响了政党分立的延续和政党制度的形成。可以说，离开了议会制度和内阁制度，就不会有英国的政党制度。长期研究世界历史的阎照祥教授认为：“英国政党政治是在与议会制度、内阁制度互相依赖、彼此影响的情况下发展起来的。”[①]自1688年“光荣革命”后，英国即逐步建立了君主立宪制。在英国，不管哪一个政党组成内阁，君主仍然是国家的象征，议会里当选的首相最后都由君主任命。英国的君主历史悠久，久而久之形成了独特的君主文化，英国政党是在君主文化环境下生存、形成的，带有浓厚的君主文化色彩。

美国曾是英国的殖民地，英国的政治文化对美国有广泛的影响。迄今美国的“两党制”就带有早期英国辉格党和托利党的“影子”。但美国毕竟是一个自成一体的国家，形成了独特的美国文化。美国宾夕法尼亚州立大学教授拉瑞·巴克尔认为：“美国一方面非常保守，是一种‘有机的保守’文化，民众不愿意通过革命或其他激进的方式推翻现有的制度来进行改变。”“政党文化在美国政治文化中是非常重要的元素。”[②]因此，在美国联邦法院的法官任命中，带有浓厚的政治文化色彩。事实上，美国宪法也旨在将联邦法院的法官任命作为一件“政治任务”来完成，使其尽可能符合美国的法律文化。

近代法国诞生的第一个现代意义的政党是工人阶级政党而不是资产阶级政党，一个很重要的原因是自19世纪30年代起，工人阶级已经作为独立的政治力量出现在法国的政治舞台上，此起彼伏的工人运动产生了十分广泛的影响。马克思主义在法国的传播，也为无产阶级政党建立奠定了良好的思想基础。但法国社会的思想文化呈现多元性，如共和主义、君主主义、社会主义、民族主义、改良主义、无政府主义及教权主义等思潮在社会上都有不同程度的影响。“每个思潮都以一个政党或一个组织为其代表，都以政党或组织的形式出现。众多的思潮和意识形态形成了众多的政党，而正是众多的政党构成了多

① 阎照祥：《英国政党政治史》，河南人民出版社2022年版，第4页。

② 赵忆宁：《探访美国政党政治：美国两党精英访谈》，中国人民大学出版社2014年版，第74页。

党制。”[①] 可见，法国的多党制与法国社会形成的多元政治文化有着内在关联。

中国共产党是在中国大地上建立起来的政党，生存和发展于中国社会，党的建设很多理念不仅仅来自马克思主义关于无产阶级政党的建设原理，而且更重要的是深深根植于我们的优秀传统文化之中。在马克思列宁主义在中国的传播及同中国工人运动的紧密结合中，在中国人民和中华民族的伟大觉醒中，中国共产党应运而生。但一个不可否认的事实是：中国共产党植根于悠久文化传统的中国这块土壤之上，其主要创建者都深受中国传统文化的熏陶，不可避免地要受到中国传统文化的直接影响。深究中国共产党成立这一开天辟地的历史大事变，毫无疑问与中华民族的优秀传统文化有着内在、紧密、深层的关联。当今的中国，是历史的中国的延续和发展，中华优秀传统文化不是已逝去的过去，而是连接了过去的现在和奔向未来的今天。

可以说，中华民族的优秀传统文化是中国共产党诞生的条件之一。习近平总书记指出：“独特的文化传统，独特的历史命运，独特的基本国情，注定了我们必然要走适合自己特点的发展道路。”[②]正是历史的实践证明了中华优秀传统文化的极端重要性，党的二十大报告强调只有把马克思主义基本原理同中国具体实际相结合、同中华优秀传统文化相结合，才能更好地坚持和发展马克思主义。

马克思主义的建党理论为中国共产党建设党确立了基本原则并指明了发展方向，中华民族优秀传统文化为中国共产党建设党提供了丰富的“思想营养”并注入了强大的文化基因和能量。中国传统文化是在周秦至近代以来的历史进程中，在兼容和融汇各种外来思想和文化的同时，中华民族自身逐渐形成和发展起来的一种以儒释道思想为主且较为稳定和持久的文化形态。中国传统文化以思想文化为核心，主

---

① 吴国庆：《法国政党和政党制度》，社会科学文献出版社2008年版，第48—49页。

② 《习近平谈治国理政》第一卷，外文出版社2018年版，第156页。

要包括先秦诸子百家、两汉经学、魏晋南北朝玄学、隋唐儒释道和宋明理学等。文化是一个民族的根基和灵魂，是一个民族的精神动力和精神家园，体现了民族的生命力、创造力，营造了民族的认同感和归属感。绵延5000年而不中断的中华文化，是中华民族生生不息、团结奋进的不竭动力，也是维系民族复兴和国家统一的精神纽带。

中华文化在数千年的发展史中，逐渐形成了一系列规则、秩序、理念、价值和信仰，构成了中华民族深厚悠远、一脉相承的文化传统。英国学者休·佩曼在研究中国的著作中写道："对强大国家的认同感、共产党历史的教训和变革的重要性，这些都能在传统哲学里找到启示。"① 确实，中华民族的精神和品格，深藏于中华文化的形成与演变的历史进程之中，其精华深深渗透于中国共产党的政党文化之中。兴党与兴国和文化"经脉相连"，有着共同的精神之"魂"。

文化是一个国家、一个民族的灵魂。文化兴则国运兴，文化强则民族强。其实，政党也如此。中国共产党的政治、思想、组织、作风、纪律、制度等自身建设就是一种特有的政党文化。中国共产党的党内文化源于马克思主义和中华民族优秀传统文化，熔炼于党领导的革命、建设和改革实践中，根植于中国特色社会主义事业历史进程之中。

与美国等西方国家政党的思想理论相比，中国共产党的党建思想更系统、更完整、更丰富。中国共产党的建设思想为何如此丰富，党的思想理论为何能够从一棵小树苗长成参天大树而枝繁叶茂，其中一个重要原因就是有丰厚的中华文化土壤。可以说，中国共产党建设的每一个方面思想的内容都与传统优秀文化相关联。如党的政治建设方面：共同理想与大同社会、坚持党的领导与"大一统"、维护中央权威与"事在四方，要在中央"、对党忠诚与"忠义"思想、净化政治

---

① 〔英〕休·佩曼：《中国巨变：地球上最伟大的变革》，万宏瑜译，人民出版社2019年版，第44页。

生态与“国之长短在风俗”。党的思想建设方面：思想建党与重教崇育、党的宗旨与民为邦本、党的思想路线与实事求是、理想信念与梦想精神、胸怀天下与天下为公、奉献精神与舍生取义、党性修养与修身养性、理论联系实际与学以致用、马克思主义中国化与兼容并蓄、学习型政党建设与学不可以已。党的组织建设方面：德才兼备以德为先与崇德惜才、夯实组织基础与郡县治天下安、重视基层选拔干部与吏治传统、党管干部与治国必先治吏、组织观念与乐群利群、先进分子与君子人格。党的作风建设方面：以身作则与为人师表、批评和自我批评与自省精神、密切联系群众与爱民如子、党的团结统一与贵和尚中、艰苦奋斗与勤俭美德、与时俱进与革故鼎新、群众路线与以民为贵。党的纪律建设和反腐败斗争方面：守纪律与讲规矩、清正廉洁与清廉文化、惩治腐败与除恶扬善。党的制度建设方面：制度建设与“礼法文化”、党内民主与兼听则明、集中统一与中央集权制度、依规治党与“法令行则国治”、党内监督与古代监察制度、统一战线与和而不同，以及全面从严治党与居安思危、党的自我革命与守正创新等。

以上可见，中国共产党的党建思想理念与中华优秀传统文化密切相关、紧密相连。中国共产党的建设离开了传统优秀文化，就会营养不良，反之则枝繁叶茂。同样，不深刻认识中华优秀传统文化，就无法深刻理解党的建设思想理论中所体现的客观性、合理性、价值性。所以，在党的建设实践中，需要实现传统文化的创造性转化和创新性发展，给党的建设注入内容丰富的优秀传统文化营养，党的建设就会充满无限生机与活力。

二、汲取治国理政精华

中华民族优秀传统文化丰富灿烂、博大精深、源远流长，中国共产党的优势来自传统文化，从中聚集能量、汲取智慧、增添力量、获得经验。因为中国共产党治国理政，在理论和实践上所表现出的很多价值理念、思维方式等来自传统文化。

中国共产党自成立之日起，就是中华优秀传统文化的忠实传承者和弘扬者。无论在哪一个历史时期，党传承中华优秀传统文化都始终牢牢谨守发展方向之“正”。党对中华优秀传统文化的忠实传承和弘扬，绝不是僵化地走教条主义和本本主义的老路，而是从践行为中国人民谋幸福、为中华民族谋复兴的初心使命出发，站稳人民立场、把握人民意愿，站在中国之间、世界之间、时代之间、人民之间的战略高度，不断提炼和萃取中华优秀传统文化中最为珍贵的价值理念与精神品格，使之与革命文化和社会主义先进文化互融互通，共同为实现中华民族伟大复兴提供不竭精神动力和智力支持。中国共产党历来坚持有鉴别地对待中华传统文化，顺应时代需要，切近人民需求，挖掘中华传统文化中的精华，使之更好地服务于人民的美好生活追求、国家的长治久安和中华民族的伟大复兴，不断提升国家文化软实力和中华文化影响力。

坚持古为今用、推陈出新的理念和原则，是中国共产党传承中华优秀传统文化的基本方向。毛泽东早在1938年就指出："从孔夫子到孙中山，我们应当给以总结，承继这一份珍贵的遗产。""马克思主义必须和我国的具体特点相结合并通过一定的民族形式才能实现。"①在推进马克思主义中国化的百年奋斗历程中，中国共产党始终注重和吸收传统文化中的优秀部分，使之与不同时期的历史主题和时代精神相互贯通，很好地发挥了中国共产党在传统文化方面的优势。长期专注于研究亚洲问题的英国学者休·佩曼在其撰写的《中国巨变：地球上最伟大的变革》一书中强调指出："中国通过运用千年古训思变求变，重新掌握了自己的命运，并带来了改变世界的成效。"②

中国共产党从中华优秀传统文化中汲取了丰富的营养。中华民族优秀传统文化中所蕴含的高超智慧，实际表现在中国共产党治国理政理论和实践的方方面面：

1. 追求美好社会愿景。中国古代的"大同社会"理想与中国共产党所追求的共产主义目标相会通。中国传统文化中"大同社会"的理想可谓源远流长。在中国古代社会，人们一直孜孜不怠追求一种自由、平等、和谐的社会，憧憬、向往和追求"天下有道"的社会，并把"道"视为一种尽善尽美的有序、和谐的状态，体现了对现存社会的不满和对没有剥削压迫的未来文明社会的祈求和渴望。"大同社会"

---

① 《毛泽东选集》第二卷，人民出版社1991年版，第534页。

② 〔英〕休·佩曼：《中国巨变：地球上最伟大的变革》，万宏瑜译，人民出版社2019年版，第3页。

思想历史悠久、影响广泛，深受中国不同时期、不同阶层人士的普遍认同，既是中国传统文化的组成部分，又是中国文化传统的显著特征。

社会主义是共产主义的初级阶段，社会主义所主张的很多价值理念与中国传统文化具有相通性。社会主义符合人类社会历史发展规律，是人类社会发展的正确道路。中国共产党坚定不移地探索和发展中国特色社会主义，这不仅仅符合科学社会主义基本原则，体现着人类社会历史发展的总趋势，勇于创造和积极探索人类文明新形态，也与中国传统文化密切相关。虽然在中国传统文化中并没有具体和完整的社会主义科学概念，也没有科学社会主义内涵思想，但其包含着朴素的社会主义思想的“文化因子”却相当丰富。总之，中国共产党坚定共产主义远大理想和中国特色社会主义共同理想，具有坚实的中华民族文化根基。

2. **秉持以民为本思想**。中国古代治国理政主张重民，传统民本思想蕴含丰富的治国理政智慧。中国传统文化强调民为立国之本，“重民”思想是儒法道各家的共同思想，强调“保民”“惠民”“养民”“利民”“贵民”“为民”“敬民”等思想。“心无百姓莫为官”，关注民众、关心民生的思想从古延续至今。在中国几千年的政治发展过程中，君民关系、君臣关系、官民关系构成了中国传统政治的基本关系。尤其是君民关系，这是中国古代思想家和政治家思考和制定政策的重要依据。中国历来有“民为邦本，本固邦宁”的民本主义传统，强调人民是国家的基石，只有巩固国家的基石，国家才能安定。

中国共产党的宗旨是全心全意为人民服务，以人民为中心，坚持人民至上，使以民为本的传统思想得到升华而达到新的境界。中国共产党是为中华民族、为人民谋利益的政党，始终密切联系群众，接受人民监督、为人民服务。在中国，中国共产党得到人民的支持和拥护，在根本上体现了以人民为中心、坚持人民至上的执政理念。中国共产党奋斗的一切，归根结底是实现、维护和发展人民的利益。

3. **推崇重教崇育**。中华民族自古以来重视学习和教育。正因为重视教育，中国在历史上很早就在民间和官方设置了教育机构。春秋末期就设有私塾，私塾是中国古代社会一种开设于家庭、宗族或乡村内部的民间教育机构，在社会传统教育中发挥了非常重要的作用。在国家层面也很早就重视教育，早在周代就“设为庠序学校以教之”。先秦学校分为国学和乡学两大类，国学为天子或诸侯所设，乡学泛指地方所设的学校。魏晋至明清或设太学，或设国子学（监），或两者同时设立，虽名称不一，但都设有相应的教育机构。尤其值得赞誉的是，传统文化中的教育理念极为丰富：如有教无类、因材施教、温故知新、学而时习之、不耻下问、循序渐进、开而弗达、身教为先、学以致用、举一反三、业精于勤、学行并重、修己敬德、学以治世、兼容并蓄、取长补短等。

传统文化中的教育和学习理念对党治国理政具有极高的借鉴参考价值。传统文化里的教育和学习方法及理念已在教育实践中得到了丰富性、拓展性、深化性体现。正因为重视教育和宣传，在党内重视加强“思想建党和理论强党”，在社会上重视宣传教育，牢牢掌握国家意识形态的主导权，使得中国共产党有效实现了“政治社会化”，使得绝大多数社会成员认识、理解并自觉参与中国共产党组织和开辟的事业，为中国共产党领导事业发展奠定了牢固的社会思想基础。

4. **继承“治国先治吏”传统**。“治国先治吏”是中国“吏治文化”的传统，也是治国理政的历史经验。中国历史上是一个“吏治国家”，是“以吏为师”的国家，秉持“选贤任能”的政治传统理念。吏治主要是通过官吏制度和官吏施政，对国家和社会发展产生重大影响。从秦统一全国以后，两千多年来，历代王朝增删损益而形成的系统、完备的官吏制度，在历史上曾经起过非常重要的作用。官吏是国家政治生活的重要部分，国家的治理关键在于吏治。在世界发展史上，中国曾很长时间位于发展前列，其中一个很重要的原因是吏治成效得到显现。

在现代社会，政府官员是“国家管理者”，具有参与国家政策或地方政策制定的决策权及分配社会资源的决定权。从国家公共权力管理的角度讲，对公务员的管理就是“治吏”，而“吏治”好了，就能够实现“良政善治”。中国共产党一贯重视“治党先治吏”工作。为此，高度重视对国家公务人员的培养，强调他们要以身作则和为人师表，要加强自身修养，努力做到德才兼备。中国共产党建立了从中央到地方完整的党校教育培训体系，系统加强对干部的培训。因此，中国共产党锻造出了一支高素质的有效治理国家的干部队伍，这是保证中国共产党优势发挥不可缺少的重要条件。

5. **遵循“郡县治天下安”的理念**。自古以来，中国社会治理就比较重视基层，从基层选拔官吏就是中国吏治的传统。历史上，中国文臣武将特别是高级官员和将领多数来自基层，这些人更了解基层百姓疾苦和战场的形势，有利于更好处理政务和带兵打仗。反之，若缺乏基层历练，就可能纸上谈兵，误国误民。早在战国时期的韩非，根据历史上诸多纸上谈兵的惨痛教训，就提出重要位置上的高级官员必须经过长期的基层历练。中国传统吏治思想非常重视官员的行政能力，重视在政务中对官员进行历练培养，这一吏治思想贯穿中国历史。

中国共产党的干部制度汲取了中国古代吏治的智慧和经验，重视加强党的基层组织建设和基层干部队伍建设。中国共产党深刻认识到：党的基层组织是党在社会基层组织中的战斗堡垒，是党的全部工作和战斗力的基础。基层党组织工作开展得怎么样，直接影响到党的凝聚力、影响力、战斗力的充分发挥。只有基层党组织坚强有力，党员发挥应有的作用，党的根基才能牢固，党才有战斗力。事实证明，基层的锻炼培养有利于提升干部的能力。社会基层是干部成长的摇篮，干部锻炼在基层、成长在基层、提高在基层、作为在基层。正因为中国共产党重视社会基层工作，长期执政的社会基础才得到夯实。

6. **看重“官民关系”**。传统文化中重视“官民关系”。爱民如子强调的就是关心、关爱、关怀民众。“爱民如子”成语出自西汉刘向《新序·杂事一》：“良君将赏善而除民患，爱民如子，盖之如天，容之若地。”旧时称赞一些官吏爱护百姓，就像爱护自己的子女一样。《孟子·离娄上》：“得天下有道，得其民，斯得天下矣。”意为得民心者得天下。这也是历代明君贤臣的真知灼见。因此，传统文化强调君臣要关心、关爱和关怀民众，期望“官与民”之间要保持亲密关系。

一切先进政党，其生命力的根本源泉就在于得到人民群众真心实意的拥护和支持。得民心者兴、失民心者亡，这是历史发展规律和基本经验。中国共产党切身体会到：人民是党的力量之源和胜利之本，没有人民支持，党就不可能生存和发展。因此，密切联系群众是党的“三大优良作风”之一。坚持和贯彻党的群众路线是党的性质内在要求，是构建新型党群关系的必然遵循，也体现了传统文化中的价值理念。因此，中国共产党要充分发挥密切联系群众的优势，坚持好党的根本宗旨，贯彻执行好党的群众路线，使党的一切工作充分体现人民群众的意志、利益和要求，在同人民群众的密切联系中继续发展和壮大。

7. 主张“德法并治”。传统文化特别重视“德”的文化，“崇德重义”也是植根于中国人血脉中的伦理观念。道德是人们共同生活及其行为的准则和规范。中国古代吏治高度重视官德和政德的培养。法律自然重要，但仅靠法治不能解决所有问题，有些方面的问题要靠德治来解决。因此，中国共产党强调德才兼备、以德为先。在反腐败斗争中，不仅要解决“不能贪”和“不敢贪”的问题，还要解决“不想贪”的问题。所以，中国共产党把德治与法治结合起来，刚柔并济、相得益彰。

在中华传统文化中，法治思想非常丰富，如“法者，治之端也”“奉法者强则国强，奉法者弱则国弱”“法令既行，纪律自正”等。在中国历史上，法治是国家治理的特征之一。早在诸侯争霸的春秋战国时代，法家商鞅认为“以礼治国”实乃迂腐之见，只有法才能赢得治国的力量。因此，他极力主张以“法”代“礼”，主张把“法”看作是治理国家的工具和判定是非功过的标准。中国共产党依法治国这个治国理政基本方略与传统文化息息相关，传统文化为依法治国提供了资源和经验支撑，依法治国才更好地发扬、传承、提升、创新了传统文化中的“法文化”精华。

8. **强调树立中央权威**。从国家政治制度层面看，儒家在政治制度上强调的是“大一统”。其中，这里的“大”本义为重视，以“一统”为“大”，以“一统”为“重”，以“一统”为“上”，以“一统”为最根本，以“一统”为首位。早在春秋战国时期，法家代表人物韩非在《韩非子·扬权》中就主张“事在四方，要在中央”。在中国漫长的历史进程中，社会治理主体都是由统一的中央集权国家主导的，这也是中国历史的主要特征之一。中央集权制度是一种国家政权的制度，以国家职权统一于中央政府，是以削弱地方政府力量为标志的政治制度。在中国，这种制度形式起源于秦朝，并在清朝达到顶峰。“大一统”强调的是国家的整体统一，并由一个“执政集团”长期执政。“大一统”观念不仅是历史上封建中央集权的需要，也有助于国家统一、社会稳定、经济发展和民族融合。

在中国，坚持党对国家的“统一领导”具有深厚的文化土壤，符合中华民族历史悠久的“大一统”文化情结。而要实现“大一统”，中央必须有权威。治国理政的实践表明，国家树立了中央权威，有利于中央领导力的加强，有利于提升国家治理水平和增强社会治理成效。中国共产党之所以是迄今世界上执行力极强的政党之一，一个很重要的原因是确立了党中央的权威。因此，必须坚持和加强党的全面领导，坚决做到“两个维护”，这是政治建设的首要任务，即最重要的是坚决维护党中央权威和集中统一领导；坚决维护习近平总书记党中央的核心、全党的核心地位。相比中国共产党在中国的权威性，美国等西方国家的执政党望尘莫及。

9. **践行和而不同理念**。“和合”是中国传统文化所倡导的。“和”是中国哲学中一个重要的概念，其本身包含了“合”的意思，是由相和的事物融合而产生新事物。“和为上”“和为贵”“和而不同”中的“和”，是中华优秀传统文化的一大特征。和而不同的关键环节是作为善的政治技艺之“和”，没有“和”的积极有为，就没有和而不同的良好秩序。不仅儒家主张“和”，构成中国传统文化有机部分的其他流派，如佛、道、墨诸家，也大都主张人与人之间、族群与族群之间的“和”。佛教反对杀生，主张与世无争；道家倡导“不争”；墨家主张“兼相爱，交相利”，尤为反对战争。中国历史上的政治制度具有多元包容性的特点，如朝贡制度、藩属制度、都护制度、改土归流制度、郡县制等制度形式可以长期共存。

中国共产党建立的统一战线，其中关键是“联合”，而“联合”须求同存异。中国政党制度之所以能够建立和发展，其中一个很重要的条件就是和而不同的文化背景。中国共产党领导的多党合作和政治协商制度是国家的一项基本政治制度，也是中国特色的政党制度。这项制度既体现了党的政治原则，也体现了中国传统文化智慧。同样，依据和而不同理念建立各文明、各国家进行“和”的机制，如政治协调机制、经济合作机制、文化交流机制等。经由这些机制，使各文明、各国家进行常态化的交流、交往、交易，加深相互理解，逐渐走向人类命运共同体。在中国社会建设中，强调构建和谐社会，统筹经济社会发展全局。中国共产党深刻认识到，和而不同的秩序，不论国内的、世界的，不论宗教的、政治的，均不可能自然地、自发地实现，而需要具有道德自觉和政治能力的人、团体积极地“和”，即组织、协调、领导，包括必要的斗争。唯有持续进行“和”，才能塑造和维护和而不同的秩序。

10. **重视解决现实问题**。中国文化是面向现实，重视人生的文化。

在历史上，中国众多思想家也研究天道、人道及万事万物等本源问题，但研究和思考的最终目标却是为了现实的人世，是为了解决现实生活中的问题。中国人历来黜玄想而务实际，习惯从日常生活、人伦关系及现实社会政治生活中表达意愿，反对不务实的清谈空想。这在《论语》中可以看出，孔子反对谈鬼，更不追求来世，主张所有学说都应该是为了解决现实的问题。《中庸》："博学之，审问之，慎思之，明辨之，笃行之。"其中"笃"就是要实实在在，坚定踏实去做，而"行"是做学问的最高点。在中国传统文化中，从来是"王权"高于"神权"，"神权"为"王权"服务，这显然与中国文化中的务实精神分不开。

中国共产党的思想路线是一切从实际出发，理论联系实际，实事求是，在实践中检验真理和发展真理。实事求是，是思想路线的核心和实质。党的思想路线是指导实践的理论原则和思想原则，是党认识世界和改造世界的根本观点和根本方法。实事求是是中国传统文化重要的思想范畴之一，它强调一切理性活动都需要经过社会实践来检验，而检验的根本标准在于是否有利于人民的整体利益。因此，实事求是的理念使得中国共产党摆脱了教条主义的束缚，勇于探索走出符合中国实际的道路。因此，中国共产党坚持理论联系实际的思想作风和工作作风，重在着力解决社会发展过程中面临的实际问题。中国共产党所领导的中国革命、建设和改革的成功实践充分证明了这一点。

11. 倡导"廉不言贫，勤不道苦"的廉政思想。历史上，中国对于官员清正廉洁的治理从古至今一直是吏治上的重点，清正廉洁是官德的重要内容，也是中国古代官员为政的准则。春秋时期的政治家、思想家管仲，就把廉与"礼义耻"并列，将之提升到涉及国家兴衰的高度。廉的思想很早就存在于周公制定的《周礼》中，廉就是要防止和杜绝腐败行为。《春秋繁露·通国身》："气之清者为精，人之清者为贤，治身者以积精为宝，治国者以积贤为道。"强调要把清廉提升到关系国家治理的高度予以重视。可见，廉政思想源远流长，“以廉为贵”时价值取向在传统文化中十分突出。在中国古代诸多政治家、思想家关于廉洁的论述中，都把廉洁看作事关国家兴亡、事关民心向背的大事。因而，在传统文化里，廉政文化具有举足轻重的地位，是为官之道，也是官德的基础。

传统文化里的廉政思想是党风廉政建设的重要思想资源，有利于提升党员特别是领导干部对廉洁自律的认知水平。要吸收“廉洁修身、廉洁齐家”的传统文化精华，加强党员干部家风建设，把家风建设纳入党风廉政建设与反腐败斗争的战略措施中。中国共产党要成为领导中国特色社会主义事业发展的核心力量，要完成实现中华民族伟大复兴大业，就必须始终做到清正廉洁。事实上，中国共产党执政以来，始终重视廉政建设，每个时期都坚持不懈开展反腐败斗争并取得显著成效。党的建设实践表明，保持党的清正廉洁是党的先进性和纯洁性的内在要求，是党长期执政的重要前提和条件。

12. **崇尚兼收并蓄**。在中国传统文化中占据主流思想地位的儒家文化讲究“中庸”，同样受众较广的道家文化也讲究“上善若水”，这两种文化均是强调不偏不倚、不走极端，追求和而不同。其谓之和衷共济，而又各有所见，不苟司于人，强调的是内心能与人和睦相处，但不盲目苟同，并保留本身特点。因此，中华文明不论是对内部文明多样性发展，还是面对外来文明传播影响都表现出了极大的包容性。中国传统文化提倡包容、强调各文化相互交流、彼此借鉴的思想不仅体现在传统文化内部的相互交流与借鉴上，还鲜明地体现在与外来文化的交往过程中。传统文化对外来文化的吸收和融合，主要体现在对佛教思想和西方文化的“扬弃”上。历史上，作为“舶来品”的佛教，与土生土长的道教不断融合，深刻影响了中国普通民众的精神生活，这正是中国传统文化兼容并蓄特征的充分体现。

中国共产党继承了中华民族善于学习的这一优良传统，从创建之始就毅然选择和接受了产生于遥远的欧洲大陆上的先进文化——马克思主义，选择和接受了俄国“十月革命”道路。因此，中国共产党的指导思想内容不仅有中国实践经验总结而形成的理论，有继承中国传统文化的智慧和理念，同时也有来自“域外”的思想文化成果。纵观政党发展历史，不善于学习，政党就会因循守旧、裹足不前、故步自封。因此，政党生命力只有在学习中才不会衰竭，执政力只有在不断学习中才能得到增强，先进性只有在学习中才能焕发生机。中国共产党依靠学习创造了历史，更要依靠学习走向未来。

13. 主张“四维不张，国乃灭亡”的价值观。中华优秀传统文化中积淀着深层次的精神追求，精忠报国、孝悌忠信、礼义廉耻、刚健有为、民为邦本、仁者爱人等诸多理念和思考至今不褪色。当代中国要推陈出新，用深厚沃土古为今用。中华民族优秀传统文化孕育文化自信，是最深厚的文化软实力，“润物细无声”般影响着中国人的思维方式、行为习惯。历史悠久、文明广博、血脉相承是中国文化的底气与魅力。在历史上，中华民族是重视精神滋养的民族，尤其看重“精气神”，中华民族优秀传统文化的基本精神引领中华文化发展。

中国共产党重视先进文化建设，符合中国传统文化理念和诉求。中华民族历经波澜万千的岁月生生不息、延续至今，文化基因是追梦之路上的中华民族生存和发展的重要力量，共有的精神家园成就着薪火相传。社会主义核心价值观是对中华优秀传统文化的传承和升华。社会主义核心价值观不是无本之木、无源之水，中华民族优秀传统文化也是培育社会主义核心价值观的固有根本，不仅对于全面提升个人综合素质有益，也是实现中国梦的动力支持和价值源泉，推进了中国特色社会主义建设。

14. 重视“天人合一”的生态智慧。“天人协调”“天地者，生之本也”“天地者，万物之父母也”“道法自然”“天地与我并生，而万物与我为一”等生态智慧体现着尊重自然、敬重生命的价值理念。

“天地人和”的和合自然观滋养出中国人对大自然、对万物生命的珍视；“天人合一”“与天地参”是儒家思想的重要命题，显示出中国人的宇宙观和价值追求；“道法自然”“道常无为”的道家思想更是提醒人们要因势利导地处理人与自然之间的关系；“众生平等”“大慈大悲”的佛教思想反对滥杀滥伐，维护生命的丰富性与多样性。

中国共产党深刻认识到，人与自然是休戚与共的生命共同体，用破坏环境的方式来谋求进步和发展无异于“竭泽而渔”。因此，要在发展中兼顾自然环境，倡导节约资源、保护环境、绿色低碳。中国不走“先污染、后治理”的西方工业化老路，摒弃工具自然观，既要稳住经济发展，又要守护生态环境，决不搞破坏性发展；要把握自然和人类社会发展的规律，善待自然、保护自然；坚持绿色发展理念，加快供给侧结构性绿色变革，形成绿色产业链；践行绿色生产发展方式，推动经济绿色转型，以便更好实现高质量的发展。

15. 坚持“民以食为天”的民生观。在中国传统文化中，“衣食住行”等民生问题始终是至关重要的问题，总是放在治国理政中十分重要的位置。“仓廪实而知礼节，衣食足而知荣辱”的俗语出自《管子・牧民》，意思是百姓粮仓充实、衣食饱暖，荣辱的观念才有条件深入人心，老百姓也才能自发、自觉、普遍地注重礼节、崇尚礼仪。西汉司马迁《史记・郦生陆贾列传》：“民以食为天。”其原意是人民以粮食为生存的根本，是为了形容民食的重要性。食以粮为主，粮是人民最基本的生活资料，也是社会经济发展的重要基础。

中国共产党历来重视民生问题，把民生问题摆在首位。重视民生的红色基因是党的性质、宗旨的本质体现，是马克思主义“人民观”中国化的伟大实践。重视民生的红色基因，形成于革命年代，由党和人民共同创造，在领导中国革命、建设、改革开放和实现中国梦的伟大实践中孕育发展，经历了民生救国、民生立国、民生富国、民生强国四个阶段。改革开放40多年以来，坚持以经济建设为中心，经过全党全国各族人民持续奋斗，实现了第一个百年奋斗目标，在中华大地上全面建成了小康社会，历史性地解决了绝对贫困问题，正在意气风发向着全面建成社会主义现代化强国的第二个百年奋斗目标迈进。

16. **遵循整体思维观**。整体思维也称系统思维，它认为整体是由各个局部按照一定的秩序组织起来的，要求以整体和全面的视角把握对象。整体思维是以联系的观点认识事物的一种方法，以此方法来认识人与自然的关系。如中国文化中的“天人合一”“阴阳平衡”以及“五行相生相克”等概念，都体现了中国人整体思维的传统观念。整体思维强调事物的内在联系和相互依存关系，认为事物是一个有机的整体，各部分之间相互作用、相互影响。在日常生活中，中国人常常将问题看作是一个复杂的系统，通过思考各种因素之间的相互关系和作用来解决问题。

中国共产党总是善于把政治、经济、文化、社会等具体事务统筹起来谋划。如“五位一体”总体布局，是中国特色社会主义事业的总体布局，主要是统筹推进“政治建设、经济建设、文化建设、社会建设、生态文明建设”五个方面。“五位一体”总体布局是一个有机整体，政治建设是保障，经济建设是根本，文化建设是灵魂，社会建设是条件，生态文明建设是基础，统一于把中国建成富强民主文明和谐美丽的社会主义现代化强国的新目标。中国特色社会主义总体布局，体现了党的基本理论、基本路线、基本方略的整体要求。

17. **看重推陈出新**。推陈出新就是去掉旧事物的糟粕，取其精华，并使它向新的方向发展。“周虽旧邦，其命维新”“不日新者必日退”“苟日新，日日新，又日新”等强调了不断创新的观念。中国历史发展过程中的兼容并蓄，不是简单模仿别人，而是善于博采众长、推陈出新。中国几千年来，正因为总体上比较包容开放，才结出丰硕的文化果实。守正创新体现了“变”与“不变”的辩证统一。守正是本源、根基和前提，为创新立魂、立本、立根，是“不变”；创新是趋势、方向和动力，推动守正求新、求进，是“变”，这体现了继承与创新的统一。只有在守正基础上不断创新，才能源源不断为建设中华民族现代文明注入新的活力。

中国共产党在学习和借鉴外来经验的过程中，并没有迷失自我，而是用自己的眼光来判断和取舍。如在政治领域里把“选举”与“选拔”结合起来，在经济领域里把“市场”（无形的手）与“政府”（有形的手）结合起来。英国学者休·佩曼认为：“中国共产党的最大影响力在于有能力在经历挫折后分析问题、设计修正方法和重新组合。”[①] 中国共产党善于学习和借鉴世界上一切国家和地区的成功经验，坚持以我为主、博采众长。

18. **保持居安思危的历史清醒**。忧患意识是一种对国家民族命运的自觉意识，是一种以天下为己任的社会责任感。《周易》：“安而不忘危，存而不忘亡，治而不忘乱。”《左传》：“居安思危，思则有备，有备无患。”纵观古今，中华文脉因“忧患”而浩瀚磅礴、延绵不绝。从家庭宗族到国家社会，每个中国人心中都秉持着一份属于自己的历史使命与担当，历经千年，薪火相传，最终内化为中华民族强烈的历史忧患意识。传统的忧患意识不仅表现了志士仁人忧国忧民、无私奉献的爱国情怀，还体现了居安思危、变革进取的历史自觉。

诞生于国家蒙辱、人民蒙难、文明蒙尘的近代历史背景下的中国共产党，承袭了中华文化的正统，以实现民族独立和人民解放、国家富强和人民富裕为己任。忧患意识既是中国知识分子的优良传统，也是早期具有共产主义思想的知识分子不断探索拯救中华之路、成立中国共产党的文化力量源泉。要救国就必须成立中国共产党，就必须走社会主义道路，这是忧患意识在中国近代的升华。正因为中国共产党有居安思危的历史清醒，明确提出和强调党要勇于自我革命，强调坚

① 〔英〕休·佩曼：《中国巨变：地球上最伟大的变革》，万宏瑜译，人民出版社2019年版，第271页。

持全面从严治党永远在路上，不懈地开展反腐败斗争。党的自我革命，是敢于正视自身错误，勇于坚持真理，自觉改正缺点，实现“洗心革面”“脱胎换骨”。勇于和善于自我革命，是党的鲜明政治品格和最大内在优势，是作为百年大党百炼成钢，永葆先进性、纯洁性的根本原因，是把中国共产党锻造成为强大政党的成功密码。

中国几千年来积累了丰富的治国理政思想，中国在历史上所经历过的、所解决过的问题也是“年轻的美国”并不具有的。因此，美国政党内很多精英缺乏类似的治国理政智慧。

1776年7月4日《独立宣言》的签署，标志美国建国的开始。之前，美国长期处于英国的统治之下。因此，美国建国时间仅有240多年。美国的文化主要是早期的欧洲移民把“欧洲文化”带到美洲，其文化主要强调个人价值、追求民主自由、崇尚开拓和竞争等，内容核心是个人中心主义：个人至上、追求个人利益，强调个人奋斗、个人自我实现。这种文化刻意塑造自我、追求个性化的个人主义，是精致的利己主义。因此，美国政界要员所表现出的“唯我独尊”“唯我独准”“唯我独享”等文化色彩比较浓厚。2024年2月17日，美国国务卿布林肯在第60届慕尼黑安全会议的小组讨论会发言中，称在国际体系当中，“如果你不在餐桌上，你就会出现在菜单上”[①]。此话若翻译成中文，意思是“不为刀俎即为鱼肉”。这番“餐桌菜单论”精准且生动地反映了美国秉持霸权至上的全球战略和弱肉强食的世界观，是典型的自私自利的价值观。虽然有人认为，这个谚语主要是指“如果你不参与决策，就会成为决策的受害者”，常用于政客或领导人表明参与决策制定的重要性。作为利益相关方，你必须要参与到决策过程中，要在谈判桌上据理力争，否则，你的权利和利益就会被别人掌握和操纵。但即便理解成此意，也充分表明了美国政客典型的“排他性”和“单边主义”。

① 《布林肯的“餐桌菜单论”说明了什么》，《环球时报》2024年2月22日，第14版。

三、党的建设与传统文化

中国共产党优势的体现离不开党的建设，而党的建设思路和方法是否科学直接关系到党的建设成效，党的建设成效又事关党自身优势的发挥。党的建设思路反映了中国文化中蕴含的独特中国智慧，生动地体现了中国文化理念。文化是人类在社会历史发展过程中所创造的物质财富和精神财富的总和，包含着特定的价值理念和思维方式。

1. **坚定正确方向和目标**。党的建设本身不是目的，根本目的是通过党的建设以实现好、维护好、发展好人民利益，满足人民对美好生活的需要。因此，中国共产党的自身建设始终没有偏离“以人民为中心”“坚持人民至上”的价值理念。这个价值理念符合传统文化“理势合一”观。东汉王符《论衡·治期》：“民为国基，谷为民命。”治国理政的头等大事是使百姓丰衣足食，民是治国之基。《论语·学而》：“君子务本，本立而道生。”《吕氏春秋·离俗览》：“壹引其纲，万目皆张。”明代王夫之《读通鉴论·卷十九》：“人也，即天也，天视自我民视也。”重视人民生活和大力发展生产，是“理”和“势”。传统文化“理势合一”思想强调社会发展具有不可抗拒的必然规律和趋势，认为社会历史发展与人们的物质生活条件有关，强调人民群众在社会历史发展中的作用。

2. **重视守成和创新相结合**。中国共产党始终坚持马克思主义政党建设原理，运用其基本立场观点方法，同时结合每一个历史时期的实际，不断丰富和发展党建理论。这种思路符合中国文化理念，既守成又创新，在守成中创新，通过创新达到守成。传统文化看重文化发展的连续性和延续性，比较重视传统、尊重传统，不简单和轻易否定前人的成就。从文化的民族性看，尊重传统、维护传统，对于民族文化延续和稳定、民族向心力和凝聚力形成发展等意义重大。但同时，也重视创新发展。《韩非子·心度》：“法与时转则治，治与世宜则有功。”法度应顺应时代的变化而变化，社会才能治理得好；社会治理与社会实际相适应，才能取得成效。《荀子·大略》：“是非疑，则度之以远事，验之以近物。”辨别是非、真假、对错要以历史经验、现实实践为参照进行衡量推定。《列子·说符》：“见出以知入，观往以知来。”《三国志·吴书》：“明镜所以照形，古事所以知今。”……阐明古与今存在相互因循关系，既有不变也有变化的规律。

3. **着眼解决实际问题导向**。党在不同的历史发展阶段，总能根据不同情况有针对性地加强党的建设。中华人民共和国成立初期，针对党在全国范围成为执政党、居于国家政治生活中的领导地位变化而带来的新课题、新任务，及时开展了全党整风，以保持党的纯洁性，提高党的质量和战斗力。改革开放初期，针对长期以来形成的“左”倾僵化思想，开展了解放思想的大讨论，为党重新确立马克思主义的思想路线、政治路线和组织路线奠定了坚实的思想基础。中国文化具有“务实性”，强调理论与现实的结合。明代张居正《请稽查章奏随事考成以修实政疏》："天下之事，不难于立法，而难于法之必行。"明代王夫之《思问录·外篇》："名非天造，必从其实。"可见，中国儒家、法家主张"循名责实"，墨家坚持"取实予名"。习近平同志指出："我们中国共产党人干革命、搞建设、抓改革，从来都是为了解决中国的现实问题。"①中国共产党通过加强党的建设，解决面临的问题，坚持以问题为中心加强党的建设。

4. **始终贯穿辩证思维**。坚持思想建党与制度治党紧密结合，依规治党与以德治党协同互动，通过刚柔并济、内外兼修的方式，对党的建设载体优化升级，实现了"德"与"法"的优势互补、"教"与"规"的协同发力。传统文化中充满辩证思维。《道德经·第六十三章》："图难于其易，为大于其细。天下难事，必作于易；天下大事，必作于细。"难与易的取舍、大与小的权衡，体现了辩证法。《韩非子·喻老》："慎易以避难，敬细以远大。"揭示了谨慎地对待容易事与慎重地处理细小事的辩证关系。明代冯梦龙《东周列国志·第二十六回》："审大小而图之，酌缓急而布之；连上下而通之，衡内外而施之。"这告诉我们要权衡大事小事、急事缓事，抓大事不放，抓急事先办；要沟通上下内外，做到上情下达，内外有别，有条不紊行事。清代袁枚《续诗品·尚识》："学如弓弩，才如箭镞。"阐明学与才、才与能的辩证法。这些强调的都是辩证思维。

5. **坚持党的建设整体观**。党的建设是涉及多领域、各环节、全过程的复杂系统工程，通过要素协同、整体优化方式，实现管党治党的有方、有力、有效。加强党建工作的整体性、协同性、开放性，系统谋划高质量党建战略规划、系统出台高质量党建标准体系、系统提出高质量党建方式方法、系统形成高质量党建保障机制。整体、系统、全面的思维是传统文化中的一个特点。中国人擅长综合思维，善于从

---

① 《习近平谈治国理政》第一卷，外文出版社2018年版，第74页。

宏观上考虑问题，比较重视整体的利益。内在要求在价值目标上自觉协调，向着共同的方向迈进。汉代无名氏《古诗》："甘瓜抱苦蒂，美枣生荆棘。"说明看问题要全面，不能因为缺点而否认其优点，也不能因为优点而无视其缺点。北宋欧阳修《易或问》："得其大者可以兼其小。"这启示我们做任何事情都要从大处、整体着眼，只有掌握了根本的大道理，才可以兼及旁枝末节。清代钱泳《履园丛话·水学》："治事必需通观全局，不可执一而论。"揭示出了整体与部分、全局与一隅的辩证关系，不能执于一端，而应该从全局高度辨是非、明对错、析利弊。"阴阳五行""天人合一"等都反映了中国传统文化的整体思维观。

6. **保持党的建设持续性**。党的建设作为一项伟大工程，从党的创建开始到现在，一直没有停止"施工"，始终围绕党的政治路线和中心任务从各个方面加强党的建设。习近平同志指出："全面从严治党永远在路上，不能有任何喘口气、歇歇脚的念头。"[①]持之以恒加强党的建设，是保持党的先进性和纯洁性的内在规定，是加强党的执政能力建设的必然要求。强调行为的恒久，体现了中国传统文化倡导的价值理念。《尚书·周书》："政贵有恒，治须有常。"《战国策·秦策五》："行百里者半九十。"传统文化强调责任。宋代王安石《节度使加宣徽使制》："夫任重者，其忧不可以不深；位高者，其责不可以不厚。"明代张居正《答中丞孙槐溪》："锐始者必图其终，成功者先计于始。"清代陈澹然《寤言·迁都建藩议》："不谋万世者，不足以谋一时。"这些内容均体现了全局、战略谋划思维及当仁不让的担当意识。党的创始人之一董必武曾在诗中写到"逆水行舟用力撑，一篙松劲退千寻"。全面从严治党必须持之以恒，不能功亏一篑。

① 中共中央党史和文献研究院编：《习近平关于全面从严治党论述摘编》，中央文献出版社2021年版，第29页。

当然，也必须看到，任何一种文化都不是完美的，都在一定程度上或某个方面存在不足。因此，要在加强党的建设过程中，注意取其精华、去其糟粕。列宁在论及文化传统的历史特征时，曾形象地阐述道："旧社会灭亡的时候，它的尸体是不能装进棺材、埋入坟墓的。它在我们中间腐烂发臭并且毒害我们。"[①]对待传统文化必须有鉴别地加以对待和有扬弃地予以继承，即进行优与劣、好与坏、利与害的区分和鉴别，并加以筛选、扬弃和再创造、再发展，才能更好地为党的建设所用。

现实中的社会主义政权都是在相对落后的国家中建立，世界社会主义运动的一个重大问题就是如何摆脱这些落后国家历史上长期存在的封建主义政治文化传统的不良影响。尤其是中国有着数千年的封建专制主义文化传统，形成了十分成熟浓厚的封建政治文化。邓小平曾深刻指出："肃清思想政治方面的封建主义残余影响这个任务，因为我们对它的重要性估计不足，以后很快转入社会主义革命，所以没有能够完成。"[②]正是基于这一认识，他曾明确提出"要划清社会主义同封建主义的界限"。

"人治文化"长期潜移默化地影响着历史。中国传统文化伴随着几千年封建社会的历史积淀逐渐形成。以专制主义为核心的政治文化，曾经并且仍然对我们的政治生活有着很深的广泛影响。邓小平认为："旧中国留给我们的，封建专制传统比较多，民主法制传统很少。"[③]封建专制主义传统在封建社会比较突出的表现是专制王权主义。荀子说："君子者，天地之参也，万物之总也。"这把君主的地位抬到参天地、总万物的神圣化地步。《二程遗书·卷十二》："天者，理也；神者，妙万物而为言者也；帝者，以主宰事而名。"君主成了

① 《列宁全集》第三十四卷，人民出版社1985年版，第380页。
② 《邓小平文选》第二卷，人民出版社1994年版，第335页。
③ 《邓小平文选》第二卷，人民出版社1994年版，第332页。

认识的最高裁决者，皇权高于一切。

人治统治是单一向上型的权力结构。其主要表现：君统天下，皇帝统揽国家一切大权；实行血缘世袭制，国家权力实行亲授；衙门是仅效忠于君主个人的官僚机构；中央和地方的关系结构是垂直层序统治模式，层层结构只向上负责；各级官吏都享有各种不同的特权，等级制度森严；不存在独立的认识主体，拥有权力就拥有真理。人治统治下，在权利与义务的关系中，以义务为本位，忽视人的权利。一部分人享受着没有义务的权利即特权，而另一部分人则被迫履行没有权利的义务。这种权利和义务的“分离”状态，是人治的基础。

家长制、一言堂、个人专断均是封建专制主义的具体表现。封建政权本身是“家天下”，皇权是最大的私权，皇权至高无上。清代黄宗羲《明夷待访录·原君》：“以为天下利害之权皆出于我，我以天下之利尽归于己，以天下之害尽归于人，亦无不可。”可见，传统吏治的有效施行需要依赖居于政权中心的皇帝，依赖于皇帝的“德与能”。封建思想潜移默化影响党的领导干部，有的领导干部个人凌驾于组织之上，组织成为个人的工具，严重脱离群众，破坏了党内民主。为此，出现了只讲集中不讲民主、重视个体忽视集体的现象。此外，封建专制主义思想意识还易诱发特权现象产生，导致一些干部大搞特权，严重腐化变质。如一些领导干部所到之处，迎送吃喝、交通封锁、大摆排场，这些都给党的形象和威望造成了严重损害。

几千年的小农经济和家庭本位的生活方式，形成了以自然经济为主导的传统农业宗法社会，血缘宗法关系严重地制约着社会政治、经济制度，并且通过深层的心理积淀，至今仍然有形无形地影响着党的建设；重血缘关系产生了任人唯亲的封建官僚政治，形成了裙带关系的复杂人情网络。因此，昏庸无耻、贪赃枉法的人也可以混迹官场，还造成了腐败之风的猖獗和宗派主义的流行，行贿受贿、拉帮结派，以致践踏法律、公然违法乱纪。而看面子、拉关系、走后门则成为日常行为准则。太重人情，以致情大于法，以人情治而不以法制治。人情文化与现代市场经济格格不入，要实现现代化必须依法治国、依规治党，克服人情文化的不良影响。中国共产党代表中国先进文化的前进方向，需要继承和发扬中华传统文化中的优良传统，同时不能忽视传统文化的消极影响，做到科学甄别和扬弃。

官僚主义是封建官僚政治的重要产物。邓小平曾指出："不彻底消灭这种家长制作风，就根本谈不上什么党内民主，什么社会主义民主。"[①] 官僚主义的主要表现和危害是：高高在上，滥用权力，脱离实际，脱离群众，好摆门面，好说空话，思想僵化，墨守陈规，机构臃肿，人浮于事，办事拖拉，不讲效率，不负责任，不守信用，公文旅行，互相推诿，以至官气十足，动辄训人，打击报复，压制民主，欺上瞒下，专横跋扈，徇私行贿，贪赃枉法，等等。[②]还有任性作为、发号施令、妄自尊大、唯我独尊、排除异己、刚愎自用等行为，都与消极文化的影响有关。

"官本位"深刻影响干部行为。中华文明悠悠五千载，历经了四百多位帝王的统治。虽然"一朝天子一朝臣"，但专制制度下以官为贵、以官为尊、以官为荣的封建意识却一直延续了下来。儒家思想作为封建社会的主流意识形态，强调以德治国，以礼治人。但要看到儒家的"克己复礼"本质上是为了维护社会等级制。在漫长的封建史中，这种"等级思想"经过粉饰和伪装已经普遍存在于广大社会阶层中。有的人提拔为领导干部后，就"潜意识"中感到高人一等，好摆官架子、乐打官腔。"官本位"的腐朽思想之所以能够至今影响着人们的思维，不仅是源于我国历史上长期的封建文化，更有其内在的构成要素。从本质上看，它反映出了以权力交换利益的一般现象；从存在空间上看，上达下听、唯上是从的僵化制度巩固了官吏间的等级

① 《邓小平文选》第二卷，人民出版社1994年版，第331页。

② 参见《邓小平文选》第二卷，人民出版社1994年版，第327页。

性，助长了不良的风气；从社会评价上看，以“官”为本已经成为一种扭曲的价值观，存在于官、民和整个社会之中。

从传统文化中汲取党的建设智慧，不仅仅是发掘中华优秀传统文化中的精华，以中华文明的历史逻辑和卓越智慧完善和推进党的建设。此外，还要以史为鉴，摒除封建腐朽的落后思想，消除不良影响。

第七章

精神谱系优势

国家综合国力存在硬实力和软实力，政党也同样存在。中国共产党创造了世界政党发展历史上的奇迹，取得无与伦比的辉煌业绩，其中一个重要原因是形成了独一无二的丰富完整的精神谱系，它事实上已经成为中国共产党的强大软实力，是中国共产党精神力量的来源和勇往直前的强大精神动力。而在这方面，美国等西方国家政党与中国共产党显然无法相提并论。

一、形成了完整的精神谱系

中国共产党的优势来自已形成的完整的精神谱系。从历史和实践的角度看，中国共产党的伟大精神由一个个鲜明具体的“坐标”组成，进而形成了一个能够长久涵养后人的精神谱系。这个自成一体的精神谱系炫目多彩，前后衔接，多以地点、事件或代表人物命名，已经或正在命名的就有46种。中国共产党人的精神谱系，犹如鲜活生动的环环相扣的历史链条，中国共产党的伟大是党精神为源头，把中国共产党的伟大精神串接起来、展示出来，也从一个侧面十分形象地记录了中国共产党波澜壮阔、艰苦卓绝的辉煌发展历史。

中国共产党人的精神谱系拥有连贯的思想内核。也就是说，每一种精神内容之间都存在相通相融的共性，包含有基础性的思想内核，其中有一以贯之的理念内容。如在正式概括的各种精神当中，理想信念、实事求是、艰苦奋斗、甘于奉献出现的频率最高，在红船精神、井冈山精神、苏区精神、长征精神、延安精神、雷锋精神、大庆精神、焦裕禄精神、红旗渠精神、“两弹一星”精神、载人航天精神、劳模精神、特区精神等精神内容中，都有相同或相近的表述，这些均属于党的精神谱系中的基础内容。

在精神谱系中，理想信念最为重要。前辈和英烈们的所有奋斗牺牲，现在和未来的中国共产党人奋斗前行，都离不开理想信念的支撑。邓小平曾指出：“为什么我们过去能在非常困难的情况下奋斗出来，战胜千难万险使革命胜利呢？就是因为我们有理想，有马克思主义信念，有共产主义信念。”[①]习近平总书记也曾明确指出：“对马克思主义的信仰，对社会主义和共产主义的信念，是共产党人的政治灵魂，是共产党人经受住任何考验的精神支柱。”[②]理想是人们追求的方向和目标，信念是人们前行的意志和定力。理想崇高，才能坚定信念；信念坚定，才能坚守理想。无论过去、现在和将来，理想信念都是中国共产党人的精神之“钙”，是党的精神谱系之“魂”，是党的伟大精神的核心内容和根本优势。

中国共产党为什么能够形成比较完整的精神谱系？这是由多方面因素所决定的。

1. 中华民族传统精神和优秀文化基因夯实了精神谱系形成的根基。中华民族是一个历史悠久且具有优秀民族特质的民族，之所以能历经几千年而不衰，反而呈现生机勃勃态势，与其葆有的传统精神和优秀文化基因分不开。盘古开天、伏羲画卦、女娲补天、精卫填海、后羿射日、愚公移山、大禹治水、夸父逐日、嫦娥奔月等众多历史典故，都是中华民族传统精神的体现，展现了勤劳勇敢、吃苦耐劳、自强不息、艰苦奋斗、不屈不挠等中华民族丰富的极富感染力的传统精

① 《邓小平文选》第三卷，人民出版社1993年版，第110页。

② 中共中央党史和文献研究院编：《习近平关于全面从严治党论述摘编》，中央文献出版社2021年版，第159页。

神内涵。中华传统文化中蕴含的优秀文化基因，包括崇尚气节、爱国主义、团结统一、人本意识、勤劳勇敢、自强不息等，在一代又一代中国人身上延续和传承至今。习近平总书记曾多次指出，中华优秀传统文化具有宝贵的价值和突出的作用，且“已经成为中华民族的基因，植根在中国人内心，潜移默化影响着中国人的思想方式和行为方式”[①]。毫无疑问，正是融入中华民族血液和骨髓里的优秀文化基因和传统精神，孕育出了中国共产党人精神谱系这样的新形态。优秀文化基因和传统精神充分体现出中国人的文化自信，这种骨子里的文化自信，大大增强了文化自觉，促使中国共产党重视精神谱系的构建。

2. **对马克思主义信仰是形成精神谱系的强力“催化剂”**。马克思主义是以实现全人类解放和共产主义为目标的科学理论，它的全部理论都立足于实现好、维护好、发展好人民的最根本利益。马克思主义是人类迄今为止最科学、最严密的社会科学理论体系，它为中国共产党认识和改造世界提供了科学的世界观、方法论。列宁曾明确指出：“马克思学说具有无限力量，就是因为它正确。它完备而严密，它给人们提供了决不同任何迷信、任何反动势力、任何为资产阶级压迫所作的辩护相妥协的完整的世界观。”[②]自鸦片战争以来，无数中华儿女积极探索中国救亡图存的道路，经过反复比较和实践验证，最终选择了马克思主义。中国共产党是以马克思主义作为信仰的“先锋队”政党。具有马克思主义信仰的政党要求其党组织始终保持先进性、纯洁性，其党员个体始终具有坚强坚定的党性，忠实体现人民性，而具有这种先进性特性的党员，必须具有精神力量。这种精神力量包括坚定的信念、刚强的意志、革命的精神、优良的作风、严格的自律等。对

---

① 《习近平谈治国理政》第一卷，外文出版社2018年版，第170页。

② 《列宁选集》第二卷，人民出版社1995年版，第309页。

马克思主义的坚定信仰，激发了无数党员为革命事业奋斗的精神力量，从而铸就了党的百年辉煌。这种精神力量逐渐凝结成了中国共产党人的精神谱系。

3. **实现中华民族伟大复兴的迫切愿望是形成精神谱系的内生动力**。中国共产党在领导和探寻中国革命和建设道路的过程中，做出了超乎寻常的极大牺牲，经历了无穷的曲折磨难。近代以来，中华民族饱受西方列强欺凌之苦，国家领土完整不断受到侵犯，主权行使难以得到保证，经济命脉被外国列强控制。中华民族在鸦片战争之后所处的境地之悲惨，对比之前曾千年居于世界前列之辉煌，促使中国人民产生了走出磨难、实现中华民族复兴的强烈愿望。历史把中国共产党推到历史舞台上担任主角。有历史选择就要有历史担当，中国共产党人强烈意识到不仅要使国家站起来、富起来，还要强起来。实践证明，越是身处困难挫折之中、重压之下，人的精神力量迸发得越是强烈，而只有在精神力量的支撑下，人才能走出逆境、渡过难关。中国共产党在革命、建设和改革实践中不断克服困难取得辉煌成就，与其一直具有的巨大精神力量所产生的推动作用分不开。

4. **艰苦卓绝的特殊奋斗经历是精神谱系形成的实践源泉**。认识来自实践，存在决定意识。任何一种精神都不可能凭空产生。中国共产党经过北伐战争、土地革命战争、抗日战争、解放战争、社会主义革命和建设、改革开放和社会主义现代化建设等不同历史时期，而每一段历史时期都有其极为特殊的经历。危难之际见精神，任何一种伟大的精神都贯穿和体现在实际行动中。伟大的时代呼唤伟大的精神，伟大的精神成就伟大的事业。中国共产党自诞生之日起，就开始培育和造就一种中国共产党人的精神形态、精神气质、精神风范、精神传统，并且一脉相承、一以贯之、与时俱进，树立起一座座不朽的、灿烂的、熠熠生辉的精神丰碑。中国共产党人的精神谱系，就是中国共产党在不同历史时期的奋斗实践的总结和实践经验的升华，是依据实践高度概括和提炼而成的。可以说，没有丰富的实践就不可能有丰富的精神谱系内容。

5. **党员先进分子发挥的先锋模范作用是产生精神谱系的“稳定载体”**。中国共产党人的精神谱系，说到底需要由人作支撑，必须通过人的行为来表现和展示。在中国共产党100多年的非凡奋斗历程中，党内涌现出一大批视死如归的革命烈士、一大批顽强奋斗的英雄人物、一大批甘于奉献的先进模范、一大批德才兼备的优秀分子。这些革命烈士、英雄人物、先进模范、优秀分子就是生动践行这些精神谱系的骨干、精英。正是因为有许许多多先进人物的模范行为、杰出表现，才在全社会产生了广泛影响并形成良好的氛围。事实证明，形成的氛围越浓厚，其感染力、影响力就越大，形成的精神力量、产生的革命精神的条件就越成熟。所以，正是有了一大批党员先进分子的先锋模范作用在各行各业接续性的突出表现，才会不断地产生和体现中国共产党人的各种精神，并最终形成精神谱系。

6. **学习教育培训体系、思想政治教育传统是形成精神谱系的重要条件**。中国共产党具有重视思想政治教育的优良传统，如党在成立前后，就积极创办学习宣传刊物、组织工人夜校。土地革命时期形成了将“支部建在连上”、军队中设政委等制度。正因为如此，中国共产党领导的人民军队才会士气高涨、斗志昂扬。1929年，党在古田会议上确立了思想建党原则，强调用先进思想武装党，奠定了思想政治建设的根本基础。在中央苏区时期，采取的学习举措更加丰富多样。延安时期是中国共产党走向成熟的重要历史时期，也是党自成立以来第一次大范围深入系统组织全党学习教育的重要时期。总之，建党以来，中国共产党以党员干部为对象建立了完整的学习教育培训体系。正是在开展好历次党的学习教育（实践）活动和各级党校对党员干部不断做好教育培训的过程中，党员的党性修养、个人觉悟和各方面能力才得到了不断加强和提升。实践证明，思想和精神需要塑造、培育，不会自然而然形成，需要通过思想政治教育来加强。正是中国共产党所具有的完整的教育培训体系和思想政治教育这一传统优势，为中国共产党人精神谱系的产生和普及提供了重要条件。

7. 尊重人民主体地位和首创精神，是形成精神谱系的不竭力量。习近平总书记指出："只要我们始终坚持为了人民、依靠人民，尊重人民群众主体地位和首创精神，把人民群众中蕴藏着的智慧和力量充分激发出来，就一定能够不断创造出更多令人刮目相看的人间奇迹！"[①]政之所兴在顺民心，政之所废在逆民心。人民对美好生活的向往就是中国共产党的奋斗目标。尊重人民主体地位，是中国共产党的根本宗旨和执政理念的集中体现，是代表反映人民群众利益、集中人民群众智慧、调动人民群众积极性的必然要求。中国共产党坚持以人民为中心，坚持人民至上，党的精神谱系来自人民、植根人民、为了人民，精神谱系体现了人民意志、表达了人民主张、维护了人民利益，人民是形成精神谱系的力量源泉。

① 《习近平谈治国理政》第四卷，外文出版社2022年版，136页。

二、精神谱系蕴含巨大价值

中国共产党的优势来自精神谱系产生的强大力量。以这些精神谱系为代表的中国共产党的伟大精神，有着崇高的思想境界，占据了道义高点，拥有巨大道德力量和崇高的精神魅力，因此具备了穿越时空的感染力和影响力。

中国共产党人的精神谱系拥有厚重的实践属性。中国共产党人把真理的力量、理想的力量转化为人格的力量，是通过一个个具体生动实践来实现的，这就使党的精神谱系中每一种精神，都以立体的方式全方位形象地呈现出来，是实实在在发生过的真实事件。因此，中国共产党人的精神谱系不仅仅具有思想理论意义，更重要的是具有实践意义。

中国共产党人的精神谱系拥有鲜明的民族属性和时代特征。中国共产党的伟大精神是民族精神和时代精神的集中体现。民族精神体现了一个民族的理想、智慧、意志、情感、性格和传统，是民族生存和发展的精神支柱，是民族传统文化中维系、协调、指导、推动民族生存和发展的精粹思想，是一个民族生命力、创造力和凝聚力的集中体现，是一个民族赖以生存、共同生活、共同发展的核心和灵魂。中华民族精神是中国共产党精神的重要源泉，中国共产党精神是中华民族精神的继承和发展。所以，中国共产党人的精神谱系蕴含着巨大的价值。这些价值主要表现在以下几个方面：

1. 强魄铸魂，增强思想力量。当代英国著名政治学家艾伦·韦尔认为："政党是由持相似的信仰、态度和价值的人们组成的集团。"[①] 马克思主义政党历来重视思想的力量。目前从中共党员数量和基层党组织规模上看，毫无疑问，中国共产党是"世界第一大党"。一个超大型政党如何做好统一思想、凝聚力量的工作，更好地发挥大党的优势，其中一个重要途径就是要充分发挥中国共产党人的精神谱系在统一思想、凝聚力量上"强魄铸魂"的作用和价值。

实践证明，通过革命精神的宣传和熏陶，能使党员更加坚定对马克思主义和共产主义的信念。经受精神伟力的洗礼，感受背后的人和事迹，党员会受到心灵的震撼，从而更加坚定党的理想信念，形成良好的精神状态和更高的精神境界。通过党的革命精神的宣传和熏陶，促使党员增强爱党敬党护党的自觉意识，坚定不移地跟党走。无数革命烈士、英雄人物、先进模范、优秀分子用自己的思想和行动演绎的精神力量及对党的忠诚赤心，能够使党员产生一种极大的共鸣，进而产生一种行动上的自觉。通过党的革命精神的宣传和熏陶，就能增强广大党员干部战胜困难的信心和勇气。在实现中华民族伟大复兴的前进道路上会遇到各种风险挑战、艰难险阻，这就需要用中国共产党人的精神谱系来团结人心，凝聚力量。

---

① 〔英〕艾伦·韦尔：《政党与政党制度》，谢峰译，北京大学出版社2011年版，第10页。

2. **固本培元，保持党的先进性**。中国共产党是无产阶级性质的政党，它拥有科学理论指导，有着远大理想、严密组织、严明纪律，有着许多光荣传统和优良作风，坚持以人民为中心，勇于自我革命，坚持与时俱进，具有强大的纠错能力……这些优点都决定了其具有先进性。中国共产党之所以能领导全国各族人民取得一个又一个胜利，显然是与党的先进性分不开的。那么，如何体现和保持党的先进性呢？最重要的标志和途径，就是使每一个党员个体保持和体现一种精神力量。中国共产党人的精神谱系就是党的先进性的具体体现，是对党的先进性的精髓提炼和高度概括，因而要保持党的先进性就要彰显中国共产党人的精神谱系。

自中国共产党诞生之日起，中国共产党党员身上就有一股不屈的精神。习近平总书记指出："我们党之所以历经百年而风华正茂、饱经磨难而生生不息，就是凭着那么一股革命加拼命的强大精神。"[①]可以说，党员身上这种精神存，则党的先进性存；党员身上这种精神失，则党的先进性失。政党发展的历史表明，长期执政有可能产生精神懈怠，外界诱惑有可能带来各种挑战，这些都可能威胁到党的先进性。为此，需要通过加强思想政治教育和发挥先进模范示范引领作用等方法，继承发扬党在各方面的优良传统，使全体共产党员能够继续传承党的革命精神和始终保持昂扬向上的精神状态，从而在确保中国共产党先进性永不丧失方面起到固本培元的作用。

3. **涵养净化，保持纯洁性**。传承弘扬中国共产党人的精神谱系与保持党的纯洁性紧密相关。党的先进性和纯洁性是有机统一的整体，纯洁性是先进性的前提和基础，先进性是纯洁性的体现和保证；要保持先进性就必须具有纯洁性，失去纯洁性就等于失去先进性。历史上，中国共产党之所以表现出先进性，是因为具有纯洁性并得到了很

① 《习近平谈治国理政》第四卷，外文出版社2022年版，第514页。

好体现。也正因为在思想纯洁、政治纯洁、组织纯洁、作风纯洁等方面充分表现，党的先进性才得到很好展现。也正因为党的纯洁性的充分表现，才为中国共产党人精神谱系的形成提供了前提条件和充分依据。

要保持党的纯洁性，就要从已经形成的中国共产党人的精神谱系中得到涵养，以中国共产党人的精神谱系为参照。因为在对中国共产党人的精神谱系内容实质进行宣传阐释的过程中，在对中国共产党人的精神谱系背后生动故事进行讲述的过程中，通过众多革命英雄先烈们身上所表现的浩然正气及所体现的良好作风、高尚品德，对党员的教育和熏陶，使得党员也切实“感染”到他们的精神气质和力量，从而增强对外界各种诱惑的“免疫力”，对危害政治生态的行为产生一种抵制思想。可见，中国共产党人的精神谱系在涵养净化政治生态方面，的确具有一种“涤污荡浊”的作用，有利于保持党的纯洁性。

4. 立德树人，培养接班人。培养好无产阶级革命接班人是党的事业不断得到传承的根本保证。要传承革命火炬，赓续精神血脉、传承红色基因，这是党的事业发展要求。习近平总书记强调，革命传统教育要从娃娃抓起，既注重知识灌输，又加强情感培育，使红色基因渗进血液、浸入心扉。①

中国共产党人的精神谱系蕴含着鲜明和丰富的红色基因，形象地记录了中国共产党的发展历史。如果我们仔细深入地去了解中国共产党人的精神谱系，就会感受到先辈英烈们的崇高品格和高尚境界，感受到中国共产党的历史上形成的优良传统和精神作风，感悟到党和人民的事业为什么会具有那么大的前进动力以及感召力。因此，鼓励、引导青少年多读红色书籍、看红色电影，在红色场馆中切身感受红色精神；年轻党员干部多掌握精神谱系内容，了解其背后的故事人物，

---

① 参见中共中央文献研究室编：《习近平关于青少年和共青团工作论述摘编》，中央文献出版社2017年版，第36页。

接受其熏陶“感染”，都会激发他们报效党和国家，沿着革命先烈们的足迹，完成革命先烈们未竟事业的雄心和愿望，从而起到立德树人的作用。

5. **引领促进，树立新风正气**。推进中国特色社会主义事业发展，建设现代化强国，实现中华民族伟大复兴，既需要物质文明极大发展，同时也需要精神文明极大发展。而要加强全社会精神文明建设，就必须形成整个社会良好的新风正气。弘扬中国共产党人的精神谱系，扩大精神在全社会的影响力，有利于树立新风正气。在全党弘扬中国共产党人的精神谱系有利于涵养政治生态，而政治生态、党风建设好了，则直接会影响社会风气。党风带政风促民风，党风决定政风、关联民风，民风“折射”党风，这是中国的“政治逻辑”“因果关系”。习近平总书记曾强调，政治生态好，干部队伍就会风清气正、心齐气顺，社会风气就会积极向上、充满正能量。反之，政治生态不好，各种歪风邪气就会冒出来。①

通过加大对中国共产党人的精神谱系的宣传来“引领促进”社会风气，抵制社会上的歪风邪气，实践证明是有效的途径，符合党情国情民情。通过在社会上形成一种对中国共产党人的精神谱系的宣传氛围，通过电视剧、电影及融媒体的多维展示，讲述各种精神背后的生动故事，起到一种宣传的正向引导效应和作用。另外，发挥党员干部的示范引领作用，通过无数共产党员的先锋模范作用去展现。党员生活在人民群众之中，他们的行为会影响身边的人，他们身上的精神力量是普通人民群众能直接实实在在感知到的，他们对树立社会新风正气能起到潜移默化的影响和引领作用。

6. **激发动力，促进经济社会发展**。马克思主义认为，在一定条件

① 参见中共中央党史和文献研究院院务会理论学习中心组：《深刻把握新时代新征程全面从严治党新的重大命题》，求是网，2024年3月16日，http://www.qstheory.cn/dukan/qs/2024-03/16/c_1130089645.htm。

下精神力量可以转化为物质力量。早在2004年3月，时任浙江省委书记的习近平曾撰文指出："良好的精神状态，能极大地激发人的智慧和潜能，产生巨大的力量，从而克难制胜，成就事业。"① 历史实践也证明，在经济生产领域，党的伟大精神是具有极大"激发动力"作用的。例如，"石油工人一声吼，地球也要抖三抖。"大庆石油工人在大庆精神、铁人精神的激励下，产生了冲天的豪情，从而在原油生产上取得了令世人瞩目的成就。新中国建设初期，一批批海外归来的科学家们在面对严峻的国际形势和国家建设需求时，展现出热爱祖国、无私奉献、自力更生、艰苦奋斗以及大力协同、勇于登攀的"两弹一星"精神。这一精神不仅体现在具体的科技领域，而且是一种宝贵的精神财富，激励了一代又一代的科技工作者为国家经济发展和社会进步贡献自己的智慧和力量。

新时代继续弘扬中国共产党人的精神谱系，以此来激发劳动者创新创业的动力。这是因为，革命精神本身就是一种创业的精神，革命先辈们建党前后以及为了建立新中国、探索社会主义现代化建设而做出的努力、付出的牺牲与取得的成就，对于任何一种创新创业和生产发展都有激励作用。新时代，中国在实现由"制造大国"向"制造强国"转变的过程中，在发展新质生产力的要求中，也需要精神动力的支撑，特别是在攻克一些"卡脖子"的关键核心技术方面，更需要弘扬劳模精神、劳动精神、工匠精神、科学家精神等。

时代精神是不同时期的先进社会形态及其发展趋势在精神上的反映，是人们在现实生活奋斗中最活跃、最强大的内在动力。民族精神只有随时代变化实现创造性转化与创新性发展才有活力。中国共产党是伟大精神的创造者和践行者，总是根据时代背景和历史任务的要求，焕发出不断拓展的具有鲜明时代特征的精神气象。比如，在革命

---

① 习近平：《之江新语》，浙江人民出版社2007年版，第40页。

战争年代，中国共产党人为了民族独立和人民解放，形成了以不畏艰险、坚守信念、不怕牺牲、勇往直前为重点的斗争精神；在建设年代，面对贫穷和落后，中国共产党人为了建设社会主义新中国，形成了以自力更生、奋发图强、艰苦奋斗、无私奉献为重点的创业精神；在改革开放年代，中国共产党人为了国家富强、民族振兴和人民幸福，形成了以开拓创新、锐意进取、求真务实为重点的改革创新精神；在新时代，更是要带头培育和践行社会主义核心价值观，不断增强全党全国人民团结一心的精神纽带，使我们在实现中国梦的伟大征程中获得源源不断的精神动力。

7. 锤炼锻造，强化政治品格。政治品格是一个政党政治信仰、政治理想、政治立场、政治方向、政治目标、政治特质等的集中体现。政治品格、价值追求决定一个政党的精神风范。在革命、建设和改革的伟大实践中，在不断进行自我革命的锻造中，中国共产党凝练了实事求是的思想路线，熔铸了独具一格的革命精神，形成了内容丰富的精神谱系，孕育了崭新的政党文化，展示了昂扬奋进、务实清廉的精神风貌，影响和改变了整个中华民族的精神面貌。

敢于斗争是中国共产党的鲜明品格。习近平总书记指出："敢于斗争是我们党的鲜明品格。我们党依靠斗争走到今天，也必然要依靠斗争赢得未来。"[①]辩证唯物主义认为，矛盾无处不在、无时不有，有矛盾就会有斗争。实践证明，只有敢于斗争、善于斗争、不断提升斗争本领，才能不被凶恶的敌人和巨大的困难所吓倒，才能为了人民的利益不懈奋斗，才能面对任何艰难险阻勇往直前。因此，敢于斗争、善于斗争，是马克思主义政党保持旺盛活力和持久生命力的关键所在，也是其本质属性和内在要求。

斗争精神是中华民族薪火相传的精神财富，是中华优秀传统文化

① 《习近平谈治国理政》第四卷，外文出版社2022年版，第80页。

的重要组成部分。探究中华文明为什么历经磨难而不衰、历经坎坷而不断，具有敢于斗争、自强不息的民族精神是重要的文化基因。几千年来，中华儿女在各种各样的斗争中，产生了“天行健，君子以自强不息”“苟日新，日日新，又日新”等思想。这些思想展现了中华民族敢于向困难挑战、向新知求索，敢涉“深水”、勇破“坚冰”、敢啃“硬骨头”的精神品质。

中国共产党诞生于国家内忧外患和民族危难之时，一路走来，始终镌刻着斗争的烙印，在斗争中求得生存、获得发展、赢得胜利。在血雨腥风的战争年代，初心不改、矢志不渝，团结带领人民历经千难万险，付出巨大牺牲，战胜强大敌人，建立了新中国。新中国成立以来，特别是改革开放以来，中国共产党团结带领人民披荆斩棘，英勇斗争，取得了举世瞩目的巨大成就。奋进全面建设社会主义现代化国家新征程，遇到的风险考验会越来越多，这要求我们必须发扬斗争精神，勇于担当作为、有力有效斗争，敢于斗争、敢于胜利。中国共产党在无数次奋勇拼搏、艰苦卓绝的斗争中形成的斗争精神，集中展现了共产党人的精神风貌、理想信念、崇高人格和坚毅品质，成为中国共产党鲜明的政治优势。

回首百年路——为了人民幸福、民族复兴，中国共产党历经千难万险，在血与火的考验中，锤炼出敢于斗争的鲜明品格，不断开辟新境界，创造出彪炳史册的人间奇迹。踏上新征程——时代在变、环境在变，但斗争的精神和精神内核始终如一。从奋斗历程和优良传统中汲取新的强大力量，将推动着中国共产党一路闯关破障、驶向民族复兴的光辉彼岸。

三、坚定不移的理想和信念

坚定不移的理想和信念，之所以能够成为中国共产党的自身优势，就在于中国共产党在前行的过程中有了明确方向和巨大动力。理想是一种向往，信念是坚定不移的观点。理想和信念解决了中国共产党朝什么方向前行以及具有怎样的前行动力等问题。

理想是人们的一种向往和追求，也是基于现实而在意识中对未来美好、圆满的一种追求，是一种对未来的构想和设计。可见，理想凝聚着人们对未来的全部憧憬和希望，召唤、激励着人们把它变成新的现实。美好的未来理想在充当人的生活实践先导的同时，还为人的精神世界拓展着新天地、提供不竭的动力源泉。理想能打开人类尘封的心灵而使灿烂阳光泻入，理想能使情感、心灵的荒漠变成绿洲，使狭隘的胸怀变得宽广，使短浅的目光变得远大，使萎靡的精神变得振奋，使脆弱的意志变得坚强。有了理想，人类才变得更加聪慧、更具灵气、更加有力量。

历史证明，正是那些最富理想的个人和组织才最有力量，因为他们志向高远，目标明确，富于进取和创新精神。当然，要把理想与空想、幻想区别开来。空想缺乏现实客观条件，是根本无法实现的主观意念；虽然幻想在现实中有某些根据，但这些根据还达不到实现想象的必要条件，所以它既有实现的可能性，也有不能实现的可能性。而理想则不同，它是人的主观意识对客观现实的自觉反映，符合事物的发展规律，既有实现理想的必要条件又有实现理想的现实条件。因而，理想经过奋斗最终是可以实现的。

习近平总书记指出："革命理想高于天。中国共产党之所以叫共产党，就是因为从成立之日起我们党就把共产主义确立为远大理想。我们党之所以能够经受一次次挫折而又一次次奋起，归根到底是因为我们党有远大理想和崇高追求。"① 正因为中国共产党有崇高的理想，才由小变大、由弱变强。对中国共产党而言，理想的价值主要体现在以下几个方面：

1. **理想明确了前行的方向和目标**。《中国共产党章程》总纲明确阐述："党的最高理想和最终目标是实现共产主义"。党章的第2条明确强调："中国共产党党员是中国工人阶级的有共产主义觉悟的先锋战士。"党章第6条规定的入党誓词其中有："为共产主义奋斗终身。"可见，中国共产党的党员与共产主义紧紧联系在一起。邓小平曾经说："我们多年奋斗就是为了共产主义，我们的信念理想就是要搞共产主义。在我们最困难的时期，共产主义的理想是我们的精神支柱，多少人牺牲就是为了实现这个理想。"② 资本主义必然灭亡，共产主义必然胜利，这是马克思和恩格斯在100多年前运用科学的世界观和方法论，考察人类社会发展的一般规律，进而考察资本主义社会发展的

① 《习近平谈治国理政》第二卷，外文出版社2017年版，第34页。

② 《邓小平文选》第三卷，人民出版社1993年版，第137页。

特殊规律，揭示出的世界历史发展的大趋势。

共产主义指的是一种社会制度。共产主义作为制度是共产主义发展的高级阶段。从制度角度看，实现共产主义是人类社会由低级阶段到高级阶段的长期历史过程，只有在社会主义社会充分发展和高度发达的基础上才能实现。但共产主义社会的基本内容是人类社会未来发展高层次的必然体现，是人类社会共同渴望和无限向往的美好未来。共产主义理想是马克思主义科学社会主义理论的重要内容，是马克思、恩格斯在对空想社会主义理论的批判和继承中创建的，具有科学理论和社会实践的基础。中国特色社会主义还处于社会主义初级阶段，是通向未来共产主义必须经过的阶段。建设和发展好中国特色社会主义，才能为实现共产主义奠定坚实基础，现在为中国特色社会主义事业奋斗就是为将来实现共产主义进行奋斗。

正是有了坚定不移的理想，目标明确、方向清晰，中国共产党为新民主主义革命胜利奋斗，为社会主义革命和建设奋斗，为推进改革开放事业奋斗，为全面建成小康社会奋斗，为新时代建设中国式现代化奋斗，为全面建成社会主义现代化强国奋斗。中国共产党一个目标连着一个目标接续奋斗，而“朝令夕改”的美国等西方国家政党则相形见绌。

2. **理想蕴藏着巨大的力量**。崇高的理想会产生无穷的力量推动着中国共产党不断前行。这种力量始终贯穿于中国共产党奋斗的全过程。

共产主义指的是一种实践运动。共产主义运动是一种有目的、有目标的长久运动过程。共产主义实践运动由不同社会发展阶段组成，它包括马克思主义诞生，无产阶级政党的建立，无产阶级革命斗争，无产阶级掌握国家政权，社会主义建设，直到在全世界实现共产主义的整个历史过程。这个过程是渐次的、长期的、曲折的。但中国共产党坚定认为，前途是光明的，因为这个历史的实践运动过程符合人类社会发展历史规律。“实践运动”虽然是长期的历史过程，但在整个历史过程中体现着共产党的奋斗纲领。这个最高纲领就是实现共产主义。共产党是一个有鲜明纲领的先进政党。党的纲领是党的奋斗目标和行动路线，是党制定路线方针政策的依据，是党团结一致的行动准则，也是判断党实践水平的根据。因为，党的纲领体现着党的性质，反映着党的实践水平；党的纲领是统一全党思想、组织全党团结战斗的旗帜；党的纲领有巨大的号召力和凝聚力；党的纲领也是制定党章的前提和总则，是党章的重要组成部分。

中国共产党是最高纲领和最低纲领的统一论者。最高纲领也称最终目标，即实现共产主义的社会制度，使人获得自由和全面的发展。最高纲领为最低纲领的制定指明前进方向，而最低纲领则是实现最高纲领的必要准备条件。党既要为最高纲领而奋斗，也要为最低纲领而奋斗。没有最高纲领，最低纲领就会失去灵魂、偏离正确的方向；没有最低纲领，人们就不可能脚踏实地做好现阶段的工作，最高纲领就会变成美好的空谈。

实现共产主义需要经历漫长的历史进程，可以划分为若干发展阶段。中国共产党把自己的奋斗纲领区分为最高纲领和最低纲领，就是这个道理。中国共产党在各个历史阶段都鲜明提出代表那个阶段最广大人民利益和愿望的具体奋斗纲领。而在实现当前任务时，又不忘心目中最美好的远大理想，不使自己在纷繁复杂的环境中迷失方向，并以这种远大理想团结和激励人们为实现当前任务而奋斗。这样就把实现最高理想同完成每个历史阶段的具体任务紧密联系起来、贯通起来，不断增添实现理想的力量。

3. **理想闪耀着明亮的光芒**。理想与信念是一个整体，之所以坚定理想是因为相信理想是合理的科学的，是能够通过不懈奋斗实现的。

理想由信念支撑，中国共产党讲的共产主义理想指的也是一种思想体系。从广义上讲，共产主义思想就是马克思主义。因为，马克思主义包含着共产主义思想的世界观、方法论，特别是指出了实现共产主义的奋斗目标和发展道路。共产主义思想从产生开始就是共产党人的指导思想，是共产党人观察世界、研究问题的思想武器。从狭义上讲，共产主义思想是指为共产主义奋斗的理想和精神。共产主义既然是一种精神，精神就可以培育，而培育就是当今共产党人的责任和使命。共产党追求的精神是崇高的。精神可以穿越时空，跨越历史，超越国家、民族和地域的界限。共产主义思想体系的形成是长期的，但可以逐步培育和发扬光大。如雷锋精神、铁人精神、焦裕禄精神、孔繁森精神等所包含的大公无私、助人为乐、先人后己、无私奉献、艰苦创业、为民服务、集体主义等思想都具体体现了共产主义思想内容。这些思想和精神有利于积极促进社会的进步和发展，加快共产主义社会实现的历史进程。

共产主义理想是马克思主义所阐述的社会理想。中国共产党人掌握了马克思主义这个“望远镜”，使自己胸襟开阔，具有长远战略眼光和科学预见能力。20世纪20年代末30年代初，大革命失败，党内存在着“红旗还能打多久”的悲观情绪。在这危急关头，毛泽东同志信心百倍地提出“星星之火，可以燎原”的科学论断。抗日战争爆发不久，毛泽东同志及时提出关于持久战的战略方针，精确揭示了中国抗日战争的发展规律。在中国民主革命即将胜利的历史时刻，党中央和毛泽东同志对新中国的根本政治制度以及经济、政治、外交等方面应采取的政策作出清晰而明确的规定。在中华人民共和国成立后进行社会主义现代化建设的几十年间，党中央在集中精力处理当前各项工作任务的同时，着手规划未来，对之后五年、十年、几十年乃至更长的时期作出基本规划和远景构想。这就使全党和全国人民有着共同的、明确的奋斗目标，使党的政策保持稳定性和连续性，使今天与明天的建设事业相衔接，把当前的利益同长远的利益结合起来。

正是有坚定不移的理想和信念，中国共产党坚信所从事的事业是

“人间正道”，总是善于着眼于未来。邓小平在谈到改革问题时曾说：“改革的意义，是为下一个十年和下世纪的前五十年奠定良好的持续发展的基础。没有改革就没有今后的持续发展。所以，改革不只是看三年五年，而是要看二十年，要看下世纪的前五十年。”[①] 中国共产党能够把长期战略付诸实践，而那些“走马灯”式地轮流执政的美国等西方国家政党是根本做不到的。

中国共产党为什么能够坚定理想信念？重要的是来自高度自信。自信是对自身的肯定，这种肯定不是盲目、空虚的。

自信来自对崇高目标的追求。中国共产党是代表中华民族根本利益的党，是与中华民族命运休戚与共的党。中国共产党一经诞生，就义无反顾肩负起实现中华民族伟大复兴的历史使命。从百废待兴到百业俱荣，从一穷二白到丰衣足食，艰苦奋斗、自强不息，中国共产党开辟了伟大道路、创造了伟大事业、取得了伟大成就，深刻诠释了中国共产党是让中华民族走向独立，实现富强，并为人类作出更大贡献的党。因此，中国共产党是一个胸怀天下的党，不仅要为中国人民谋幸福、为中华民族谋复兴，同时也是为人类谋进步、为世界谋大同的党。

自信来自经验的积累。“四个自信”即中国特色社会主义道路自信、理论自信、制度自信、文化自信，是建立在坚定的历史自信基础之上，有着深厚的历史底蕴。中国共产党从成立到现在，在中国革命和建设中经历了种种非凡磨难，甚至一度到达生死存亡的边缘。但是，中国共产党总能够起死回生、拨乱反正，纠正机会主义、教条主义、“左”倾盲动主义、冒险主义等错误，救自己于水火之中。中国共产党积累了极为丰富的正反两方面的经验和教训，正是善于从磨难中吸取教训、总结经验，并及时改正错误，找到了一条适合中国发展

① 《邓小平文选》第三卷，人民出版社1993年版，第131页。

的正确道路，中国共产党才能永葆生机。

自信来自科学精神。如果从欧洲早期空想社会主义学说的创始人托马斯·莫尔的《乌托邦》名著算起，社会主义从理论到实践已经有500多年的历史。这500多年来，人们从思潮、运动或现实制度出发，给社会主义下了各式各样的定义。自马克思创立了唯物史观和剩余价值学说，社会主义由空想变成了科学，“十月革命”使社会主义从理论变成了实践。虽然社会主义在实践中历经磨难、曲曲折折，但前景是光明的。中国共产党坚定不移认为，社会主义、共产主义是人类社会文明发展方向，因为它反映了人类社会发展规律。

自信来自超常的定力。定力是抵制诱惑、排除干扰、把注意力集中在主要目标和首要挑战的能力，从而有效应对挑战，达到有利的结果。它体现在准确把握事物发展规律、认清事物宏观走势的基础上，继而沉着冷静地行动。历史唯物主义认为，社会历史发展的总趋势是前进的、上升的，但发展的过程是曲折的、发展的道路是不平坦的。因此，中国共产党深刻认识到，社会主义事业的发展不可能没有障碍，其过程中出现的挫折和反复不可避免。所以，实现共产主义是一个漫长的历史过程，事业发展绝不可能一帆风顺，总会有曲曲折折，必须坦然面对。

自信来自脚踏实地的努力。自信是一种精神状态、一种心理表现，但这种自信最终需要通过实际行动体现出来。不当“语言的巨人、行动的矮子”，不能只喊口号不见行动。自信者必是行动者、实干者，志气再高、蓝图再美，离开埋头苦干、脚踏实地的努力，一切美好的愿景都只是画饼充饥。社会主义是干出来的！中国共产党既是理想主义者，更是“实干主义”者。

第八章

自我革命优势

中国共产党的比较优势源于其强烈的忧患意识，源于其无私与勇气，源于其崇高历史使命和勇气担当，以及源于其敢于并善于在革命性锻造中兴党强党的能力。为此，中国共产党明确提出了找到跳出“历史周期率”的第二个答案：自我革命。自我革命，是中国共产党人奋斗的雄厚底气。勇于自我革命，从严管党治党，是中国共产党最鲜明的政治品格，是中国共产党区别于其他政党的显著标志。

一、政党发展的一大难题

人类社会发展有几千年的历史，而现代意义上的政党仅有300多年的历史。在前资本主义的封建社会时期，也不存在政党产生的条件。近代政党的演变发展过程是渐进的，真正意义上的政党是在欧洲和北美资产阶级革命的过程中逐渐产生和发展起来的。最早出现的是资产阶级政党，无产阶级政党晚于资产阶级政党而产生。总之，政党是人类社会经济发展到资本主义阶段才开始形成的阶级性的政治组织，是阶级的政治发展及其政治斗争的产物。

现今世界上200多个国家和地区，建立了超过6000个政党，没有政党的国家和地区寥寥无几。不管国家发展存在多大差异，政治制度存在多大不同，政党在国家的政治生活中都占据十分重要的地位。政党政治已经成为人类社会迄今为止最为普遍的一种政治现象，是现代政治文明和国家现代化治理体系和能力的集中体现，国家政权绝大多数都是通过政党来运作、参与和掌握的。政党的类型多种多样，政党的功能作用也有不同表现。但从世界政党的发展历史看，政党的建立和发展也面临许多难题，尤其是一党想要在一个国家中长期执政，应如何保持生机活力，是人类社会迄今尚没有很好解决的难题。习近平总书记曾一针见血地指出："自我监督是世界性难题，是国家治理的哥德巴赫猜想。"①

中国共产党提出要勇于自我革命，这不仅是一个成熟大党保持自身先进性和纯洁性、永葆旺盛生命力的重要途径和根本保障，也是中国共产党区别于其他政党的鲜明特质和独特优势。从哲学意义上讲，"革命"是事物的质变和飞跃，"自我革命"是主体自觉进行自我扬弃的过程。自我革命，就意味着勇于坚持真理，随时修正错误；意味着不断提升自我，确保肌体的健康与活力。中国共产党提出自我革命，在世界政党发展史上具有开创先河的意义。

现代政党发展过程中始终面临诸多问题，林林总总的问题如何解决，是摆在现代政党面前的重大课题。现阶段，美国也是通过"政党运作"组织选举。但美国现行的民主体制存在很多缺陷，美国民众及学者也希望变革。"当民众对于现行体系的不满达到一定程度时，变革就会发生。这些变革导致新一轮的评估和调整，或许还会引发新的变革。"② 对于美国的政治改革者来说，存在问题已经不是新闻，关键问题是如何"弥补"这些问题，各方意见难以达成一致，深层次则是涉及"利益集团"的利益，其阻碍甚大。

中国共产党作为世界上最大的马克思主义执政党，如何成功跳出治乱兴衰历史周期率、确保党永远不变质不变色不变味？这是摆在全党同志面前的一个战略性问题。中国共产党一个突出的优点是：有能力、有魄力、有办法反对和纠正党内一切脱离人民群众、腐蚀党的健

① 《习近平谈治国理政》第三卷，外文出版社2020年版，第511页。

② 〔美〕L.桑迪·梅塞尔：《美国政党与选举》，陆赟译，译林出版社2017年版，第148页。

康肌体的消极现象。这正是中国共产党能够保持生机和活力、不断发展壮大的根本原因之一。世界上有不少政党，包括一些盛极一时的大党老党，最后一败涂地。它们不是被别人打败的，而是被自己打败的，失败的主要原因在于它们自身。这是一个值得深思的问题。中国共产党在新时代全面从严治党的实践和理论探索中，不断深化对党的自我革命的认识，积累了丰富实践经验，形成了一系列重要理论成果，系统回答了为什么要自我革命、为什么能自我革命以及怎样推进自我革命等重大问题。

早在20世纪40年代，“延安整风”就是中国共产党自我净化、加强自身建设的一个伟大创举。“延安整风”集中反对危害党、危害革命的“三风”——主观主义、宗派主义、党八股，提高了全党的马克思主义思想水平，保持了党在思想上、政治上的一致性，为夺取中国革命胜利奠定了思想基础、政治基础和组织基础。当时，毛泽东同志主持印发了郭沫若写的《甲申三百年祭》，要求全体同志引以为戒，不要犯胜利时骄傲的错误。通过整风运动开展批评和自我批评，解决党内的思想矛盾，扶正祛邪、固本强基，已经成为中国共产党加强自身建设的优良传统和宝贵经验。1945年7月，毛泽东同志在同民主人士黄炎培先生的交谈中给出了跳出治乱兴衰历史周期率的第一个答案——只有让人民来监督政府，政府才不敢松懈。民主革命胜利前夕，中国共产党即将在全国执政，毛泽东同志又发出“决不当李自成”的警告，提出坚持“两个务必”、警惕“糖衣炮弹”的袭击。中华人民共和国成立不久，党中央发现党内出现了贪污腐败现象，立即发动“三反”，挽救了许多干部，保持了党和政府清正廉洁的形象。

改革开放几十年来，以邓小平同志为核心的党的第二代中央领导集体、以江泽民同志为核心的党的第三代中央领导集体、以胡锦涛同志为总书记的党中央始终把党风廉政建设和反腐败斗争作为重要任务来抓，旗帜鲜明，措施有力，表明党的自我革命成效显著。

进入新时代，以习近平同志为核心的党中央对党风廉政建设和反腐败斗争形势作出总体判断，认为“反腐败斗争形势依然严峻复杂”“如果任凭腐败问题愈演愈烈，最终必然亡党亡国”。[①] 党中央从抓作风建设入手，制定并带头执行“八项规定”，集中解决“四风”问题。“四风”一反，带动整个社会风气逐步而比较显著地好转，赢得了党心民心。中央以前所未有的力度，保持惩治腐败的高压态势，坚持“老虎”“苍蝇”一起打，表明中央反腐败的决心和意志。只用了3年多时间，中国共产党在反腐倡廉方面即取得了举世瞩目的成效，彰显了中国共产党自我净化、自我完善、自我革新、自我提高的能力和决心。

任何一个政党都像一个人一样，会不可避免地犯错。中国共产党犯过错误甚至是严重错误。这些错误都是中国共产党自己主动纠正的。中国共产党十分郑重地对待自己的错误，认真作自我批评，两个“历史决议”就是明证。犯错误当然是坏事，但中国共产党能够从错误中吸取教训，深化对革命、建设和改革规律的认识，并形成新的理论观点，推进马克思主义中国化，提高了党的领导能力。

当然，中国共产党自身建设的实践是特定历史阶段的实践，虽然是“过去时”，但并没有终结。中国共产党对自身建设的探索还处于“进行时”，全面从严治党和勇于自我革命永远在路上，对共产党建设的规律还需要进一步探索。

---

① 参见中共中央纪律检查委员会、中共中央文献研究室编：《习近平关于党风廉政建设和反腐败斗争论述摘编》，中央文献出版社、中国方正出版社2015年版，第5页、第10页。

二、勇于自我革命

自我革命的目的是永葆党的先进性和纯洁性，从而确保中国共产党长期执政，主体是各级党组织和全体党员干部，方式是党要管党、全面从严治党，内容是自我净化、自我完善、自我革新、自我提高，态度是守正创新、正视问题、刀刃向内，保障是党的全面领导和党中央集中统一领导。

纵观当今全世界数目众多的各国政党，截至2023年年底，能够生存下来的百年政党仅剩60多个。而能存活下来的百年大党中，有不少不是靠自我革命赢得生机活力，而仅仅是靠“打点滴”来延续生命，有因为该国人民当初没有更好的选择而无可奈何予以保留的，还有由于该国社会制度或宪法和法律规定使人民无法放弃的。与这些政党迥然不同，中国共产党虽然已历经百年却仍然风华正茂。究其原因，就在于中国共产党具有自我革命的内在自觉：不断推进马克思主义中国化时代化，让科学理论的思想武器永不褪色；始终坚持社会革命的最高目标不动摇，为党的自我革命提供了不竭动力；坚持党要管党、全面从严治党，始终保持党的先进性和纯洁性，找到了自我革命的根本途径。

中国共产党为什么具有勇于自我革命的鲜明政治品格？

1. **勇于自我革命是中国共产党人在革命、建设和改革的历程中形成的光荣传统和基本经验**。中国共产党从成立之日起，就始终把人民幸福、民族复兴作为自己的初心和使命，这使得中国共产党不仅具有自我革命的勇气，而且具有自我革命的高度自觉行动。中国共产党在革命、建设和改革的历程中，尽管出现过各种失误，也曾犯过不少错误，但每一次都能基于人民利益和党的根本宗旨，通过自我革命，正视自身问题、纠正所犯错误、克服存在缺点，形成了“批评与自我批判”等自我革命的优良传统和作风。“延安整风”就是自我革命的成功范例，之后屡次通过经常性的整顿党的作风来推进党的建设已经成为党的事业发展的历史基本经验。改革开放以来，中国共产党通过反腐倡廉、“三讲”、“先进性教育”及新时代“不忘初心、牢记使命”主题教育等党的建设活动，坚持和发展中国共产党人自我革命的传统和品格，从而保证中国共产党始终成为中国特色社会主义事业发展的坚强领导核心。

2. **勇于自我革命力量来自马克思主义强大思想武器**。思想筑魂、理论定神、组织塑形。马克思主义是革命的理论，革命的理论武装革命的政党，革命的理论塑造党的革命属性。列宁曾指出：“马克思主义理论对世界各国社会主义者所具有的不可遏止的吸引力，就在于它把严格的和高度的科学性同革命性结合起来。”[①] 马克思主义思想武器

① 《列宁专题文集·论辩证唯物主义和历史唯物主义》，人民出版社2009年版，第153页。

的作用不仅在于解释世界，更在于改变世界。马克思主义的立场、观点、方法为中国共产党提供了自我革命的内生动力。例如，坚持人民立场。一个政党把绝大多数人的利益放在首位，必然会在个人利益和多数人利益发生矛盾时敢于放弃个人利益，从而实现自我超越。又如，运用辩证唯物主义和历史唯物主义世界观，要求中国共产党必须坚持理论和实践相结合、领袖和群众相结合、一般和个别相结合，这个结合过程就是消除教条主义、经验主义、主观主义的过程，就是坚持真理、修正错误的过程。

3. **勇于自我革命蕴含着中国共产党高超的政治智慧**。中国共产党深刻认识到，要实现长期执政，必须破解治乱兴衰的“历史周期率”命题。事物发展表明，堡垒最容易从内部被攻破，强大的政党真正能打倒的只有自己。提出勇于自我革命，是中国共产党的政治谋略和政治魄力，反映了中国共产党的宽广政治视野。只有坚持强烈的自我革命精神，坚持不懈同自身存在的问题和错误作斗争，才能成功跳出“历史周期率”，筑牢自身堡垒，保持肌体生机与活力。正是基于这个清醒认识，中国共产党直面管党治党存在的“宽松软”“庸懒散”等问题，出台了一系列准则、条例、规范来严肃党内政治生活，加强党内监督，发挥巡视巡察利剑作用，不断提高排毒杀菌、强身健体的政治免疫力，全面从严治党取得显著成效。

4. **勇于自我革命来自中国共产党的无私和勇气**。自我革命要刮骨疗伤、壮士断腕，这势必会涉及自身问题，势必会触及深层次矛盾问题，要革除多年积存的顽瘴痼疾。若政党存在私心，就不可能做到自我革命。纵观美国等西方国家政党，没有任何政党能够做到，唯有中国共产党具有洞察问题的清醒和敢于刀刃向内的勇气。这个勇气来自哪里？来自中国共产党不是特殊利益集团的代言人，不是权贵集团的维护者，而是真心实意代表最广大人民的根本利益，来自党的宗旨是全心全意为人民服务。只要是对人民有利的事，中国共产党就毫不动摇地坚持；同样，对人民不利的事，中国共产党就毫不犹豫地改正。“全心全意”不是半心半意、三心二意，更不是虚情假意。中国共产党是为中国人民谋幸福、为中华民族谋复兴的政党，也是为人类谋进步、为世界谋大同的政党。“心底无私天地宽”，中国共产党大公无私的品格决定了其具有非凡的勇气。中国共产党一切为了人民，没有任何自己特殊的利益，始终保持不懈奋斗的动力和勇气，这是敢于自我革命的勇气之源、底气所在。

5. **勇于自我革命彰显中国共产党使命和担当**。勇于自我革命是中国共产党区别于其他政党的显著标志，是中国共产党跳出治乱兴衰历史周期率、历经百年沧桑更加充满活力的成功秘诀。中国共产党自建立之始，就将为中国人民谋幸福、为中华民族谋复兴的使命镌刻在自己的旗帜上。历经新民主主义革命、社会主义革命、推进社会主义建设，进行改革开放，建设中国式现代化，中国共产党团结带领中国人民攻克无数难关，创造了辉煌的伟大业绩。今日中国之面貌与中国共产党成立之初相比已天壤之别，比历史上任何时期都更接近、更有信心和能力实现中华民族伟大复兴的目标。历史把中国共产党推到历史舞台上担任主角，中华民族伟大复兴的重任历史地落在中国共产党的身上，中国共产党要义不容辞地承担好这份责任。只有兴党强党，民族复兴才不会落空。而兴党强党，中国共产党就必须勇于自我革命，就必须以勇于自我革命精神打造和锤炼自己。有效完善党的自我革命制度规范体系，以党的自我革命引领社会革命。

党的勇于自我革命精神体现了伟大的历史主动精神。掌握历史主动是马克思主义政党的独特优势，中国共产党肩负着发扬历史主动精神、掌握历史主动的伟大使命，这是中国共产党从小到大、由弱到强，不断从胜利走向胜利的重要原因。

6. **勇于自我革命是保持党的先进性和纯洁性的内在要求**。中国共产党人自建党之初就清醒地认识到，先进的马克思主义政党不是天生的，要在不断自我革命中淬炼而成，只有不断在现实中通过革命性实践，不断地改善现存的不足和改造现存的问题，才能实现进步和发展。对于一个马克思主义政党来说，党自身不可能是绝对完美的，不论发展到什么样的程度，总会存在或大或小的问题和不足，只有通过自我革命，不断统一思想、凝聚共识、惩治错误、弥补不足，才能使自身的肌体健康发展，才能避免误入歧途。自我革命精神作为中国共产党追求进步、追求自我完善的精神之魂，作为克服困难、战胜风险的基本理念，是立党兴党强党之道。党的百年奋斗历史，也是中国共产党不断保持党的先进性和纯洁性，不断防范被瓦解、被腐化危险的历史。历史反复验证，只要坚持和彰显勇于自我革命的精神，中国共产党就能始终保持先进性和纯洁性，就能在革故鼎新、守正创新的过程中不断实现大的跨越，就能不断给党和人民的事业注入生机活力。

7. **勇于自我革命是中国共产党人的高度共识和自觉行动**。党的十八大以来，中国共产党人坚持不断进行质量建党，从全面从严治党出发，不仅坚持“关键少数”的自我革命，也十分重视“绝大多数”的自我革命，不仅重视制度、纪律的强约束，也十分重视理论、党性的软约束。严明党的纪律，严肃党内生活，强化党内监督，发展积极健康的党内政治文化，全面净化党内政治生态，坚决纠正各种不正之风，以零容忍态度惩治腐败，使批评与自我批评的武器多用、常用，用够用好，使之成为一种习惯、一种自觉、一种责任。自我革命既是管党治党的有力武器也是有效的思想方法，既体现了可贵精神也表现出顽强意志。正是党的十八大以来始终贯彻全面从严治党，自我革命已经成为全党的统一意志、自觉行动，已经成为中国共产党人存在和发展的方式，已经成为中国共产党带领人民实现国家富强、人民幸福、民族复兴的中国梦的重要保证。

8. **勇于自我革命源自中华优秀传统文化的熏陶和驱动**。中华民族有5000多年的文明史，是迄今世界上各种古老文明形态中唯一没有中断的文明。在中华文化土壤中诞生的中国共产党人必然会汲吮优秀传统文化的营养，与时俱进弘扬“朝闻道，夕死可矣”的求真精神、“天下为公”的理想情怀、“天行健，君子以自强不息”的奋进意志、“民无不为本”的民本理念、“先天下之忧而忧，后天下之乐而乐”的使命意识、“杀身成仁、舍生取义”的献身品格、“穷则独善其身，达则兼济天下”的独立人格、“地势坤，君子以厚德载物”的道德要求等，必然要传承和发扬中华优秀传统文化，从而塑造与众不同的现代政党鲜明品格。例如，古代中国的修身修心养德文化能够转变为中国共产党坚持党性修养的途径，通过内省教育激励党员干部加强自身修养，从而实现自我超越。又如《易经》中蕴含着丰富的“正反合”哲学，展示了自然界一切事物内部都有两种相反相成的力量，两种力量相互作用、螺旋上升，从而实现事物的自我进化、自我演变。再如“壮士断腕”“刮骨疗伤”“头悬梁，锥刺股”等典故都体现了自我革命的文化意蕴。

三、自我革命的实践要求

美国利益集团理论创始人戴维·杜鲁门在其《政治过程》一书中阐述了一个由利益集团控制的美国政治，如何能够在国家方向发生漂移或出现问题时由全国性潜在利益集团站出来主动纠正错误、把稳美国方向之舵的故事。美国的政治逻辑与中国截然不同，故其自我纠错的途径不适用于中国。

但要看到，一个成熟定型的政体首先应该形成一套内嵌的自我矫正、自我纠错机制。在当代中国，必须形成党要管党、全面从严治党的体制机制，才能确保中国共产党长期执政，实现中华民族伟大复兴。党的二十大报告中提出“全面从严治党永远在路上，党的自我革命永远在路上”的新要求，这为党的自身建设和治国理政提供了极大的理论和实践空间，找到了建设长期执政的马克思主义政党的根本答案。

中国共产党所进行的自我革命具有中国治理的实践特点，是中国共产党加强自身建设的宝贵经验，也是领导和推进中国式现代化的历史要求。其总体要求重点体现在以下几个方面：

1. **以坚持党中央集中统一领导为根本保证**。党的领导是党和国家事业不断发展的“定海神针”。要治理好中国共产党这个大党、治理好中国这个大国，保证党的团结和集中统一至关重要，维护党中央权威也至关重要。中国共产党是世界上最大的马克思主义政党，在拥有14亿多人口的大国长期执政，既有办大事、建伟业的巨大优势，也面临着治党治国的特殊难题。如果党中央不能实行坚强有力的集中统一领导，就会出现各自为政、自行其是的局面，那最终什么事情也干不成。只有党中央有权威，才能把全党牢固凝聚起来，进而把全国各族人民紧密团结起来，形成万众一心、无坚不摧的磅礴力量。

实践深刻表明，以坚持党中央集中统一领导为根本保证，就能扎实推动全面从严治党和党的自我革命不断向纵深发展，厚植中国共产党之治、中国之治的独特优势。坚持自我革命必须要有坚定的决心，需要党中央决策；坚持自我革命涉及方方面面，需要党中央统筹谋划；坚持党的自我革命要“真刀真枪”，需要党中央部署落实。总之，推进党的自我革命，需要党中央的坚强领导。因此，坚持党中央集中统一领导是自我革命的根本保证。

2. **以引领伟大社会革命为根本目的**。党的先进性是历史的、具体的，其根本目的是推动社会发展。1921年《中国共产党第一个纲领》开宗明义，“党的根本政治目的是实行社会革命”。百年来，中国共产党领导中国人民历经新民主主义革命、社会主义革命和建设、改革开放和社会主义现代化建设，以及到了中国特色社会主义进入新时代，这一系列革命性演化进阶，分别为现今能够推进和拓展中国式现代化提供相应的条件、前提、基础、保证和力量。从“积贫积弱”的国家状态，进阶发展到“站起来”再到独立自主；从“站起来”，进阶发展到“富起来”再到全面建成小康社会；从“富起来”，进阶发展到“强起来”再到全面建设社会主义现代化国家。这些变化在广义上就是在中国进行社会革命。

党和人民的事业发展到什么阶段，全面从严治党就要跟进到什么阶段。以党的自我革命引领社会革命的历史逻辑在于，在100多年历史进程中，善于把握时代潮流、发展大势、社会性质、主要矛盾和中心任务，通过持续推进党的自我革命，保持党自身的先进、纯洁和活力，汇聚广大人民伟力，从而领导人民不断推进社会革命。党的自我革命和社会革命是有机统一和互促共进的整体，党的自我革命是党领导的社会革命的必要前提和重要保障，党领导的社会革命是党的自我革命的价值追求和目标指向。中国共产党之所以能饱经磨难而生生不息、风华正茂，关键在于始终坚持党要管党、全面从严治党不放松，在推动社会革命的同时进行彻底的自我革命，以党的自我革命来推动党领导人民进行的伟大社会革命。新时代全面从严治党，使党在革命性锻造中更加坚强有力，焕发出新的强大生机活力，为党和国家事业发展提供了坚强政治保证。伟大社会革命锻造和成就伟大的党，伟大自我革命保障和推动伟大的事业。“伟大事业与伟大工程”始终统一在一起，这是党百年来的宝贵历史经验。

3. **以习近平新时代中国特色社会主义思想为根本遵循**。时代呼唤理论，理论指导实践。列宁曾指出：“只有以先进理论为指南的党，才能实现先进战士的作用。”[①] 在伟大自我革命的历程中，习近平新时代中国特色社会主义思想展现出强大的真理力量和实践伟力。这一重要思想立足世情、国情、党情的深刻变化，围绕建设什么样的长期执政的马克思主义政党、怎样建设长期执政的马克思主义政党这一重大时代课题，提出以正视问题的勇气和刀刃向内的自觉不断推进党的自

① 《列宁专题文集·论无产阶级政党》，人民出版社2009年版，第71页。

我革命这一重要论断，是新时代中国共产党进行自我净化、自我完善、自我革新、自我提高的强大思想武器和科学行动指南。

坚持以习近平新时代中国特色社会主义思想为根本遵循，中国共产党探索出一条长期执政条件下依靠自我革命解决自身问题、跳出历史周期率的成功道路，赢得了保持同人民群众的血肉联系、人民衷心拥护的历史主动，赢得了全党高度团结统一、走在时代前列、带领人民实现中华民族伟大复兴的历史主动。党的十八大以来，习近平总书记创造性提出一系列具有原创性、标志性的新理念、新思想、新战略，形成习近平总书记关于党的自我革命的重要思想。对此，要自觉从中找理念、找思路、找方法、找举措，努力把党的自我革命的思路举措搞得更加严密，把每条战线、每个环节的自我革命抓具体、抓深入，以锐意进取的精气神、脚踏实地的真行动将全面从严治党这场伟大自我革命进行到底。

4. 以跳出历史周期率为战略目标。提出和强调党的自我革命，不仅仅是勇气和胆量，也是宽广眼界和长远谋略。中国共产党的自身建设不仅要瞄准现实也须着眼未来。历史和现实都表明，在长期执政条件下，各种弱化党的先进性、损害党的纯洁性的因素无时不有，各种违背初心和使命、动摇党的根基的危险无处不在，党员干部中容易出现精神懈怠的心态，时常面临被“腐蚀”、遭“围猎”的风险。党的自我革命就是补钙壮骨、排毒杀菌、壮士断腕、去腐生肌，不断清除侵蚀党的健康肌体的病毒，从而不断增强自身免疫力。没有自我革命的战略擘画，没有全面从严治党的革命性锻造，就不会有今天这样一个高度团结、坚强有力的中国共产党，更不可能走向未来。

如何防止马克思主义政党在长期执政条件下腐化变质，永葆党的先进性和纯洁性、增强党的凝聚力和战斗力，仍是中国共产党最为紧迫、最为要害、最为根本的大问题。要确保中国共产党永葆生机活力，担负起新时代的历史使命，就必须以“革命者必先自我革命”的坚定意志和决心，继续推进自我革命，把党建设得更加坚强有力。先进政党不是天生先进，而要在不断自我革命中淬炼而成；先进政党更不是永远先进，而要在不断自我革命中保持。正是因为坚持自我革命，中国共产党才能饱经磨难而生生不息，历经千锤百炼仍朝气蓬勃，成为打不倒、压不垮的先进政党。

5. **以解决大党独有难题为主攻方向**。中国共产党作为世界上最大的马克思主义执政党，要始终赢得人民拥护、巩固长期执政地位，必须时刻保持解决大党独有难题的清醒和坚定，增强以自我革命解决大党独有难题的信心和决心，持之以恒推进全面从严治党，不断彰显大党优势。自我革命就是要敢于直面问题、勇于修正错误，就是要面对问题和解决问题。回顾百余年的奋斗史，中国共产党总是敢于正视问题、克服缺点，勇于刮骨疗毒、去腐生肌。历史和实践都表明，中国共产党不断推进自我革命的过程，实际上就是不断发现、研究和解决自身问题的过程，就是固本培元、永葆先进性和纯洁性的过程。

推进自我革命，关键要有正视问题的自觉和刀刃向内的勇气。正视问题，才能有的放矢，才能刀刃向内解决问题。进入新时代，中国共产党坚持问题导向，以前所未有的决心和力度着力解决党内存在的突出问题，做到管党有方、治党有力、强党有效，推动党在革命性锻造中变得更加坚强有力。如何始终不忘初心、牢记使命，如何始终统一思想、意志和行动，如何始终具备强大的执政能力和领导水平，如何始终保持干事创业精神状态，如何始终能够及时发现和解决自身存在的问题，如何始终保持风清气正的政治生态，这些问题都是要迈过的“一道坎”、啃下的“硬骨头”。解决大党独有难题是长期而艰巨的过程，是一项复杂的系统工程，要做到标本兼治、综合施策、协同发力、锲而不舍、久久为功；要以更加科学的态度、体系化的方式推进党的自我革命，着力以自我净化革除自身毒瘤、以自我完善提升整体形象、以自我革新培育创造活力、以自我提高增强担当本领，全面提高党的建设质量。

6. **以健全全面从严治党体系为有效途径**。党的建设历史经验表明，自我革命需要以体系化的方式推进。自我革命是党全方位、全过程加强自身建设的系统工程。只有整体而不是局部、系统而不是零碎、持久而不是短暂、高标准而不是一般化，持续深化自我革命，才能使党永葆先进性和纯洁性。推进党的自我革命，必须充分发挥制度的根本性作用。实践证明，只有进一步健全全面从严治党体系，才能使已经发生的突出矛盾和问题得到更加深入有效的解决，才能有效防范新的矛盾和问题滋生蔓延、有效防范已经解决的矛盾和问题反弹复发，才能把全面从严治党引向深入。

必须内容上全涵盖、对象上全覆盖、责任上全链条、制度上全贯通，以更加科学、更加严密、更加有效的思路举措推进健全全面从严治党体系。特别是要坚持制度治党、依规治党，更加突出党的各方面建设有机衔接、联动集成、协同协调，更加突出体制机制的健全完善和法规制度的科学有效，更加突出运用治理的理念、系统的观念、辩证的思维管党治党建设党，以制度化、协同化、科学化、系统化健全全面从严治党体系。此外，既要注重整体优化，又要注重重点推进，尤其要完善党的领导制度体系、党的自我革命制度规范体系、党和国家监督体系、全面从严治党责任体系、推进全面从严治党的协作体系。

7. **以锻造坚强组织、建设过硬队伍为重要着力点**。党的全面领导、党的全部工作都要靠党的坚强组织体系去实现，要靠党员干部队伍去完成。因此，必须坚决有力贯彻新时代党的组织路线和好干部标准，以提升组织力为重点，强化政治功能，进一步完善上下贯通、执行有力的组织体系，树立加强基层建设的鲜明导向，推动各级党组织全面进步、全面过硬，使广大党员、干部做到忠诚干净担当。

党员是党的肌体的细胞。马克思主义政党的力量和作用，既取决于党员数量，更取决于党员质量。党组织既要严格把好“入党关”，把政治标准放在首位，也要严格党员日常教育和管理，使广大党员平常时候看得出来、关键时刻站得出来、危急关头豁得出来，充分发挥党员的先锋模范作用。广大党员、干部，无论在什么时候、什么地方、什么场合，都要始终牢记自己是一名共产党员，都要始终发挥先锋模范作用，都要始终坚持和维护党的领导、维护党的团结统一。治国必先治党，强国必先强党。实现党的组织和党的工作全覆盖，党中央一声令下，全党闻令而动，这是美国等西方任何政党都不可比拟的强大优势。

8. **以正风肃纪反腐倡廉为重要抓手**。坚持持之以恒正风肃纪，把准党的建设的时代脉搏、把准“四风”的特性、把准纪律建设的规律、明确新时代党的建设的工作重点。持之以恒正风肃纪，坚决清除腐败毒瘤，才能永葆党的政治本色，为实现中国式现代化全面推进强国建设、民族复兴伟业提供坚强保障。作为百年大党，中国共产党要永葆先进性和纯洁性、永葆生机活力，必须一刻不停地推进党风廉政建设和反腐败斗争。全面从严治党永远在路上，严厉惩治这一手绝不能放松，要始终保持“赶考”的清醒，始终保持对“腐蚀”“围猎”的高度警觉，把“严”的主基调长期坚持下去，以系统施治、标本兼治的理念正风肃纪反腐。

一个政党，一个政权，其前途和命运最终取决于人心向背。人民群众最痛恨腐败，不得罪成百上千个腐败分子，就要得罪14亿中国人民。党的十八大以来，通过前所未有的反腐倡廉斗争，赢得了保持同人民群众的血肉联系、人民衷心拥护的历史主动，赢得了全党高度团结统一、走在时代前列、带领人民实现中华民族伟大复兴的历史主动。反腐败斗争要坚持一体推进不敢腐、不能腐、不想腐，深化标本兼治、系统施治，不断拓展反腐败斗争深度广度，对症下药、精准施治、多措并举，让反复发作的老问题逐渐减少，让新出现的问题难以蔓延，推动防范和治理腐败问题常态化、长效化。

9. **以自我监督和人民监督相结合为强大动力**。监督是治理的重要方式，在管党治党、治国理政中居于十分重要的地位。历史发展表明，若无监督或监督无效，党的建设目标就不可能实现。中国共产党全面领导、长期执政，面临的最大挑战是对权力的监督。怎样强化对权力运行的制约和监督？如何跳出历史周期率？经过百年奋斗特别是经历了党的十八大以来新的实践，中国共产党提出了第二个答案：自我革命。党的自我革命是自我监督，是在党组织内部开展的由党组织和党员主要依照党章、党规、党纪对党组织和党员自身进行的自我批评和监督。而人民监督是在党组织外部开展的由国家机关和人民群众主要依照国家宪法法律对党组织和党员进行的外部批评和监督。自我革命和人民监督这两个答案，都是中国共产党在建设长期执政的马克思主义政党方面获得的规律性共识，是跳出“历史周期率”重要法宝的“一体两翼”，必须整体领会、一体落实，做到内外协同、双轮驱动。

人民监督是至关重要的根本性监督，必须注重依靠人民，靠人民群众的支持和帮助来解决党的自身问题。但必须看到，从中国共产党自身主体角度看，人民监督属于“外部”监督，是“外在良方”。事实证明，仅靠外部监督是不够的，还需要“内部”监督。中国共产党的自我革命属于“内部”监督，是强身健体的“内在免疫”。党的执政地位，决定了党内监督在党和国家各种监督形式中是最基本的、第一位的。实践表明，只有构建以党内监督为主导、各类监督贯通协调的机制，形成全面覆盖、常态长效的监督合力，才能把监督制度优势更好转化为治理效能。因而，要强化对权力监督的全覆盖、有效性，必须切实把党内监督同国家机关监督、民主监督、司法监督、群众监督、舆论监督贯通起来，既要横向到边，推动各类监督贯通协调、统筹协同、一体推进，又要纵向到底，延伸监督触角、激活“末梢神经”，确保权力运行始终处在党组织和人民群众的监督之下。

大党治理是由众多子系统构成的复杂系统，必须增强全局观念，注重顶层设计。以上“九个以”既有宏观层面的目标任务、顶层设计，也有落细落实、重点突出的方式方法，既有认识论又有方法论，是新时代新征程深入推进全面从严治党、党风廉政建设和反腐败斗争的思路举措，是对党开展自我革命实践探索的经验总结，标志着中国共产党对马克思主义政党建设规律、共产党执政规律的认识达到了新高度，反映了中国共产党对自我革命问题认识水平的提升，是深入推进党的自我革命的世界观和方法论，标志着我们党对“为什么要自我革命、为什么能自我革命、怎样推进自我革命”等重大问题的认识达到新高度。

以上内容，从八个方面对中国共产党具有的优势作了重点阐述，历史发展是具有优势的形成渊源，利益代表是具有优势的力量源泉，理论指导是具有优势的思想法宝，组织结构是具有优势的重要条件，制度构架是具有优势的根本保障，文化传承是具有优势的精神根脉，精神谱系是具有优势的精神力量，自我革命是具有优势的内在动力。“八大优势”在根本上是由中国共产党的性质和宗旨所决定的，体现了中国共产党区别于美国等西方感觉政党的显著特征，它回答了“中国共产党为什么能?”的时代之问、历史之问、实践之问，揭示了中国共产党过去为什么成功、未来怎样继续成功的秘诀，揭示了中国共产党领导的客观性、必要性和价值性，揭示了中国共产党成为大党强党所具有的必要条件和充分依据。

参考文献

[1]《习近平谈治国理政》第一卷，外文出版社2018年版。

[2]《习近平谈治国理政》第二卷，外文出版社2017年版。

[3]《习近平谈治国理政》第三卷，外文出版社2020年版。

[4]《习近平谈治国理政》第四卷，外文出版社2022年版。

[5] 习近平：《之江新语》，浙江人民出版社2007年版。

[6] 中共中央纪律检查委员会、中共中央文献研究室编：《习近平关于党风廉政建设和反腐败斗争论述摘编》，中央文献出版社、中国方正出版社2015年版。

[7] 中共中央文献研究室编：《习近平关于青少年和共青团工作论述摘编》，中央文献出版社2017年版。

[8] 中共中央党史和文献研究院编：《习近平关于全面从严治党论述摘编》，中央文献出版社2021年版。

[9]《马克思恩格斯文集》第二卷，人民出版社2009年版。

[10]《列宁全集》第三十三卷，人民出版社1985年版。

[11]《列宁全集》第三十四卷，人民出版社1985年版。

[12]《列宁选集》第一卷，人民出版社1995年版。

[13]《列宁选集》第二卷，人民出版社1995年版。

[14]《列宁专题文集·论辩证唯物主义和历史唯物主义》，人民出版社2009年版。

[15]《列宁专题文集·论无产阶级政党》，人民出版社2009年版。

[16]《毛泽东文集》第一卷，人民出版社1993年版。

[17]《毛泽东选集》第二卷，人民出版社1991年版。

[18]《毛泽东选集》第三卷，人民出版社1991年版。

[19]《邓小平文选》第二卷，人民出版社1994年版。

[20]《邓小平文选》第三卷，人民出版社1993年版。

[21] 陈正谟：《中国各省的地租》，上海商务印书馆1936年版。

[22]〔美〕塞缪尔·亨廷顿：《变革社会中的政治秩序》，李盛平、杨玉生等译，华夏出版社1988年版。

[23] 张立平：《美国政党与选举政治》，中国社会科学出版社2002年版。

[24] 吴国庆：《法国政党和政党制度》，社会科学文献出版社2008年版。

[25] 王长江：《政党论》，人民出版社2009年版。

[26] 郑永年：《中国模式：经验与困局》，浙江人民出版社2010年版。

[27] 中共中央宣传部《党建》杂志社策划并采写：《关注中国——41位驻华官员谈中国共产党》，红旗出版社2011年版。

[28]〔英〕艾伦·韦尔：《政党与政党制度》，谢峰译，北京大学出版社2011年版。

[29] 赵忆宁：《探访美国政党政治：美国两党精英访谈》，中国人民大学出版社2014年版。

[30] 中共中央党史研究室：《中国共产党的九十年》，中共党史出版社、党建读物出版社2016年版。

［31］张维为：《文明型国家》，上海人民出版社2017年版。
［32］李捷，尹汉宁主编：《西式民主为什么不适合中国》，学习出版社2017年版。
［33］〔美〕L.桑迪·梅塞尔：《美国政党与选举》，陆赟译，译林出版社2017年版。
［34］〔英〕休·佩曼：《中国巨变：地球上最伟大的变革》，万宏瑜译，人民出版社2019年版。
［35］〔美〕迈特·格罗斯曼、戴维·霍普金斯：《美国政党政治》，苏淑民译，当代世界出版社2021年版。
［36］阎照祥：《英国政党政治史》，河南人民出版社2022年版。

后记

我早在2005年即出版过一本专著《政党差异性研究》，主要是具体比较分析中国共产党与西方政党存在的“差异性”。本新著《强党优势》，重点谈中国共产党相较于美国等西方国家政党所具有的历史发展、利益代表、理论指导、组织结构、制度构架、文化传承、精神谱系及自我革命等八个方面的独特优势。

“优势”是从特定角度谈的问题，是相对比较而言的观点。其实，任何政党都有自身的某些优势，但存在长与短、多与少、强与弱的区别。本书谈的“八大优势”是作者认为中国共产党实际表现得比较突出的优势。

本书是我迄今撰写出版的第14部专著。毫无疑问，内容更加“聚焦”，是对之前研究和思考的深化，也是进一步的“补充和完善”。本书讨论的问题相对集中，便于读者对此类问题的认识和理解。为此，在撰写过程中，选择引用的资料尽可能围绕“优势”主线。

2024年是中华人民共和国成立75周年，新中国发展所取得的辉煌成就，显然与中国共产党的杰出领导相关。中国共产党的领导是中国特色社会主义本质特征和制度的最大优势，在理论和实践上都得到了充分验证。本书作为“一份心意”献给伟大的祖国，献给伟大的中国共产党。

感谢红旗出版社对我的厚爱，鄙人之前已有多部专著在贵社出版。责任编辑丁鋆女士精湛的业务水平给我留下深刻印象，在此衷心感谢她多年来的辛勤付出。

在此，衷心感谢家人的理解和支持。

郭亚丁

2024年11月30日于杭州西溪书斋

图书在版编目(CIP)数据

强党优势 : 与美国等西方国家政党比较 / 郭亚丁著. 北京 : 红旗出版社, 2024. 12. --ISBN 978-7-5051-5425-4

Ⅰ. D2; D564

中国国家版本馆CIP数据核字第2025NW0839号

书　　名　**强党优势**
QIANGDANG YOUSHI
与美国等西方国家政党比较
YU MEIGUO DENG XIFANG GUOJIA ZHENGDANG BIJIAO

著　　者　**郭亚丁**

出 版 人　蔡李章　　　　责任印务　金　硕
责任编辑　丁　鋆　　　　校　　对　周纯钧　沈云才
文字编辑　张　超　　　　装帧设计　戴　影　高　明
责任校对　郑梦祎
出版发行　红旗出版社
地　　址　北京市沙滩北街2号　　　邮政编码　100727
　　　　　杭州市体育场路178号　　邮政编码　310039
编 辑 部　0571-85310806　　　发 行 部　0571-85311330
E-mail　hqcbs@8531.com
法律顾问　北京盈科(杭州)律师事务所　钱　航　董　晓
图文排版　浙江新华图文制作有限公司
印　　刷　浙江海虹彩色印务有限公司
开　　本　710毫米×1000毫米　1/16
字　　数　189千字　　　　印　　张　13.75
版　　次　2024年12月第1版　　印　　次　2024年12月第1次印刷
ISBN 978-7-5051-5425-4　　　定　　价　58.00元